Colloquial French

The Colloquial 2 Series
Series Adviser: Gary King

The following languages are available in the Colloquial 2 series:

French
Italian
Russian
Spanish

Accompanying cassettes and CDs are available for the above titles. They can be ordered through your bookseller, or send payment with order to Taylor & Francis/ Routledge Ltd, ITPS, Cheriton House, North Way, Andover, Hants SP10 5BE, UK, or to Routledge Inc, 29 West 35th Street, New York NY 10001, USA.

Colloquial French

The next step in language learning

Elspeth Broady

Routledge
Taylor & Francis Group

LONDON AND NEW YORK

First published 2003
by Routledge
11 New Fetter Lane, London EC4P 4EE

Simultaneously published in the USA and Canada
by Routledge
29 West 35th Street, New York, NY 10001

Routledge is an imprint of the Taylor & Francis Group

© 2003 Elspeth Broady

Typeset in Sabon and Helvetica by
Florence Production Ltd, Stoodleigh, Devon

Printed and bound in Great Britain by
TJ International Ltd, Padstow, Cornwall

British Library Cataloguing in Publication Data
A catalogue record for this book is available from the British Library

Library of Congress Cataloging in Publication Data
Broady, Elspeth.
  Colloquial French 2: the next step in language learning / Elspeth
Broady.
    p. cm – (The colloquial 2 series)
1. French language – Conversation and phrase books – English.
2. French language –Textbooks for foreign speakers – English.
3. French language – Spoken French. I. Title: Colloquial French two.
II. Title.   III. Series.
    PC2121B76 2003
    448.3′421–dc21

                                                      2003009037

ISBN 0–415–26647–5 (book)
ISBN 0–415–26648–3 (audio cassette)
ISBN 0–415–30139–4 (audio CD)
ISBN 0–415–26649–1 (pack)

Contents

Acknowledgements

The Authors and Publishers would like to thank the following for permission to reproduce material in this book:

Association Gersoise du Foie Gras, meat photo in Unit 6; *Advantages* for cover image; Bayard Presse for *Phosphore* cover image in Text 2, Unit 9; Bison Futé, Ministère de l'Équipement, logo in Unit 3; Catrine Carpenter for Dialogue 1 in Unit 2 and Dialogue 1 in Unit 12; Daniel Raupaich and La Mairie de Lille for photos 'Ville de Lille' and 'Lille – capitale des Flandres' in Unit 2; Dioranews, <http://www.dioranews. com> for 'L'actualité pour la region parisienne à 17h' in Unit 9; Éditions du Seuil for extract from *Beni ou le paradis privé* by Azouz Begag in Unit 11; Éditions Livre de poche, Éditions du Fallois for extract from *Le Château de ma mère* by Marcel Pagnol in Unit 11; Gaby Rambault for Text 1 in Unit 3; Gîtes de France (Landes) for Gîtes texts, photos and 'Conditions générales de vente dans le département' in Unit 6; Hamid Amazigh, Acting Informatique at <http://www.espaceetudiant.com> for French laws and customs article in Unit 7; *Investir* for cover image in Text 2, Unit 9; John Karrenbeld for 'La banlieue parisienne' photo in Unit 2; Label France for 'L'Internet francophone' by Etienne Cazin in Unit 9; *Le Nouvel Observateur* for 'La Révolution de 35 heures' by Martine Gilson in Unit 5; Le Petit Larousse Compact for 'Île Maurice' (adapted) in Unit 12; *Maison Bricolage* for cover image in Text 2, Unit 9; Ministère de L'Agriculture for Label Rouge, Agriculture Biologique and AOC logos and for 'Pourquoi consomment-ils bio? in Unit 8; Ministère des Affaires Étrangères, <http://www.diplomatie.gouv.fr>, for 'La franco-phonie" in Unit 12; Paul Slater for Eurostar photo in Unit 2, car photo in Unit 3, office photo in Unit 4, café photo in Unit 7, market produce photo in Unit 8, newsagent photo in Unit 9 and bookshop photo in Unit 11; TFI for 'La France est le pays de la gastronomie' in Unit 7; *Première* for cover image in Text 2, Unit 9; Thijs Karrenbeld for 'Une maison isolée en Auvergne' photo in Unit 2; Viapresse for Text 2, Unit 9; Webfrancophonie, <http://www.webfrancophonie. com> for 'Île Maurice, lieu de plusieurs cultures', adapted from 'Chroniques-Evasion' by Josée Martel, in Unit 12 and for homepage picture in Unit 12; Yahoo France for homepage picture in Unit 9; zitronet, <http://www.hiver.com>, for 'Le Hockey sur glace' in Unit 10; 321.com, <http://www.321.com>, for Text 2 in Unit 3.

Every effort has been made to trace and acknowledge ownership of copyright. The publishers will be glad to make suitable arrangements with any copyright holders whom it has not been possible to contact.

The author would like to thank friends, family, colleagues and students for their support and inspiration during the production of this book. Special thanks to Simone Doctors, Nathalie Ruas and Paul Slater for their invaluable contributions, and to Chris Sevink, to whom this book is dedicated.

How to use this book

If you've picked up this book, then you know some French already. You probably want to refresh your knowledge and extend your skills, perhaps because you spend time in France or you have French friends and family, or perhaps because of your job or because you're taking a French course and need to revise. In all of these cases, this book can help you.

You've chosen **a self-study** course. Learning on your own is quite a challenge but this book is designed to help you. It's structured so that you get the chance to listen to, and read, lots of colloquial French, but also to work systematically on reinforcing and extending your grasp of French grammar and vocabulary.

Most units have three to four 'inputs': these texts and recordings provide the raw material for your learning. They have been chosen to reflect a wide range of contemporary French usage, from literary texts to internet forums, with regional varieties of French also represented. On your cassette or CD, you'll find scripted dialogues, extracts from authentic interviews and recordings of some of the written texts. There are also some speaking and pronunciation exercises. And don't forget there's a web site to support the Colloquial courses. At <http://www.routledge.com/colloquials/french> you'll find extra exercises as well as links to sites that build on the material in the units.

Key phrases and structures are highlighted under the heading Language points. There's also a brief Grammar reference at the end of the book where you can check key structures. And to help you practise your French actively, there are between nine and twelve exercises in each unit, with more revision exercises under the heading Bilan at the end. For all these exercises, you'll find a detailed key at the back of the book so that you can check your answers carefully.

In most cases, you'll find there is an exercise for you to do *before* reading a text or listening to a dialogue. These exercises are designed to familiarise you with key vocabulary or key ideas. The more you think beforehand about what you're going to read or hear, the more likely it is that you will understand. To help you further, you'll find less frequent items of vocabulary and their translations provided under the heading Vocabulary.

We also suggest that you have a good dictionary to hand when working on your French. This will enable you to extend and consolidate the knowledge you develop from this course.

As you work through the units, you'll also learn a bit about France and other French-speaking countries, particularly in the sections headed Le saviez-vous? Although our main focus is on France, Unit 12 is devoted to the wider francophone world. This gives you a chance to listen to different francophone accents – you'll already have heard the different pronunciation of French from Aquitaine in Unit 6 – and to dream about speaking French in idyllic island settings such as Mauritius or Tahiti!

Essentially, we learn languages first and foremost through our ears. So listen, listen and listen again. If you can listen to your cassette or CD at times when you are doing other things, such as sitting on a train or waiting for the bus, then you'll maximise the exposure you get to French. Listening and reading together can really help you identify the pronunciation of individual words and so speed up your comprehension, but don't forget to practise real-life listening skills as well, i.e. understanding without the help of the written word!

Of course, there's one thing a self-study course cannot provide – authentic speaking practice! Just as you wouldn't expect a book, giving you instructions for a work-out, to enable you to become an athlete overnight, so this book can't on its own transform you into a fluent speaker. But it can give you a strong basis for fluency. There are speaking and pronunciation exercises on the cassettes and CD. You can also practise reading out the dialogues to yourself. Why not record yourself and listen back to check your pronunciation? The more you practise in a variety of ways, the stronger basis you will have for speaking French fluently. But don't expect too much of yourself: developing spoken fluency takes time. Be content sometimes to enjoy reading and listening in French, knowing that your increasing familiarity with colloquial French will stand you in good stead. Bon courage!

Les vingt-deux régions de la France.

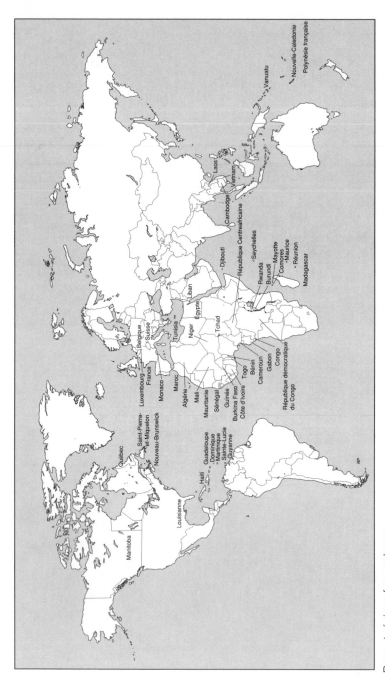

Pays et régions francophones.

1 Renouer contact

In this unit you can learn about:

- greetings, leave-taking and wishes to friends
- talking about the future
- forming questions
- using the imperative
- welcoming friends to your home
- revising future and perfect tenses

Text 1

The New Year – **le nouvel an** *– is typically the time when the French send greetings to their friends. Cécile Gérard sent the card on page 2 to her English friends, Jane and David Saunders.*

Exercise 1

As you read, check whether these statements are true or false:

1 Cécile and her family have moved house.
2 They now live in Rennes.
3 Rennes is a livelier place than Scaër.
4 They live in a restored mill.
5 They have a small garden.

Once you have read the card several times, try to translate your corrected answers into French.

Exercise 2

The following expressions crop up in Cécile's card. Check their meaning by matching them with their English equivalents.

1 meilleurs vœux
2 bonheur
3 réussite professionnelle
4 l'animation
5 le coin est superbe
6 vallonné
7 un ancien moulin

a the area's wonderful
b the lively atmosphere
c an old mill
d best wishes
e hilly
f happiness
g success in your job

Chère Jane, cher David,

Nous vous adressons nos meilleurs vœux pour le nouvel an — que cette année vous apporte bonheur, santé et réussite professionnelle.

Comme vous voyez, nous avons changé d'adresse. Nous sommes maintenant à Scaër, une petite ville sympathique à une vingtaine de kilomètres de Quimper. Cela change de Rennes: l'animation nous manque un peu, mais le coin est vraiment superbe (vallonné et vert).

Nous avons acheté une maison typiquement bretonne (un ancien moulin restauré) avec un grand jardin. Il faut que vous veniez nous voir.

Toutes nos amitiés.   Cecile & Roger

Language points ◆

Did you notice?

1   It's <u>chère</u> Jane but <u>cher</u> David? French adjectives change depending on the noun they refer to: feminine forms typically end in -e and plural forms end in -s (and feminine plural forms in e + s!). For more, see Grammar reference, p. 226.

2   It's réussite <u>professionnelle</u>, but <u>meilleurs</u> vœux? Generally, French adjectives come after the noun, but many of the more frequent ones are placed before it. There are five just in Cécile's card. Some adjectives also change their meaning depending on their position. For more, see p. 226.

3   **Nous** and **vous** also have different positions with different functions. **Nous** and **vous** are pronouns. They can function as grammatical subjects, as in <u>nous</u> avons changé d'adresse ('we've moved house') and comme <u>vous</u> voyez ('as you see'). But they can also function as grammatical objects, e.g. **il faut que vous veniez <u>nous</u> voir** ('you must come and see **us**') and **que cette année <u>vous</u> apporte bonheur** ('may this year bring **you** happiness'). For more on pronouns, see p. 228–9.

Greetings, leave-taking and wishes

The greeting on Cécile's card is **Bonne année** ('Happy New Year' or 'Have a good year'). Many greetings start with the adjective **bon**, as in **Bonjour!** ('Hello!' only used during the day) or **Bonsoir!** ('Good evening!'). Many leave-taking expressions also use **bon**: **Bonne journée!** ('Have a good day!') **Bonne soirée!** ('Have a good evening!') or **Bonne nuit!** ('Good night!').

Using **bon**, you can also wish people well in their activities, for example **Bonne chance!** ('Good luck') or, where effort is involved, **Bon courage!** ('Keep going! All the best!'), and where someone seems happy in what they are doing, **Bonne continuation!** ('Keep up the good work!'). There are also more specific good wishes:

Bon appétit!	Enjoy your meal!
Bonne promenade!	Have a nice walk! Have a nice outing!
Bon séjour!	Enjoy your stay! Have a good time!
Bonnes vacances!	Have a good holiday!
Bon voyage!	Have a good trip!
Bonne route!	Have a safe (road) journey!
Bon rétablissement!	Get well soon! Speedy recovery!

Leave-taking expressions can also be introduced by à, as in the standard **Au revoir**. Other such expressions, often tagged on after **Au revoir**, are:

A bientôt!	See you soon!
A la prochaine!	See you! Be seeing you!
A tout à l'heure!	See you in a moment / shortly!
A demain!	See you tomorrow!
A lundi!	See you on Monday!

A can also be used for toasts:

A ta / votre santé	Your good health!
A la tienne! A la vôtre!	Cheers!
A ta / votre nouvelle maison!	Here's to your new house!
A tes / vos 50 ans!	Here's to your fiftieth birthday!

In writing or more formal speaking, the verb **souhaiter** ('to wish') is often used to express greetings:

Je souhaite la bienvenue à tous nos collègues français.
I **wish** all our French colleagues a (warm) welcome.

Je vous souhaite une bonne et heureuse année.
I **wish** you a very happy New Year.

'Best wishes' is usually translated as **meilleurs vœux,** and is often used with the verbs **adresser** or **envoyer:**

Nous vous adressons nos meilleurs vœux pour le nouvel an.
We **send** you our best wishes for the new year.

Other wishes might be **pour un prompt rétablissement** ('a quick recovery') or **pour une retraite active et heureuse** ('a happy and active retirement').

Exercise 3

What would you say to someone who was:

1 about to set off on holiday by car (three possibilities)
2 setting off on a walk
3 leaving for an evening out with friends
4 in the middle of writing a difficult report

5 in the middle of gardening (and enjoying it!)
6 about to eat lunch
7 celebrating their fortieth birthday
8 recovering from an operation
9 about to retire
10 going for a month to Italy

Writing personal letters

Personal letters generally start with **Cher** + a name. Alternatively, for an informal tone, you can use **Bonjour!** or **Salut!** ('Hi'). Endings vary much more in terms of affection and familiarity:

Cordialement	Regards
Amicalement	Kind regards, best wishes
Amitiés	Warmest regards, best wishes
Affectueusement	With love
Je t'embrasse (très fort)	Love
Bises or Grosses bises	Lots of love

Exercise 4

The messages below are from greetings cards sent to Roger and Cécile. Match the message with the occasion:

1 Best wishes on moving house
2 Greetings for Christmas and New Year
3 Greetings after New Year
4 Get-well message to Roger from his colleagues

A

> Ma chère Cécile
> Merci de vos bons vœux. En retour, recevez les nôtres: vœux de bonheur, de santé et de réussite professionnelle.
>
> Bien amicalement
> Sandrine et Pierre

B

> *Je vous souhaite beaucoup de bonheur dans votre nouvelle maison. Je vous embrasse tous les deux.*
>
> *Annie*

C

> *Nous vous envoyons nos vœux les plus amicaux, pour que vous passiez d'excellentes fêtes de fin d'année et abordiez l'année à venir en pleine forme!*
>
> *Affectueusement*
> *Alain et Sophie*

D

> *Tous nos vœux de meilleure santé! Nous vous souhaitons un prompt rétablissement. Revenez vite! Vous nous manquez!*

Dialogue 1

Having received Cécile's card, Jane and David decide to visit the Gérard family. Jane phones Cécile to make the arrangements.

Exercise 5

Écoutez le dialogue. Les affirmations suivantes, sont-elles vraies ou fausses? Justifiez votre réponse en français.

1 Cécile souffre d'une bronchite.
2 Jane a beaucoup de travail en ce moment.
3 Cécile explique à Jane comment trouver la nouvelle maison.
4 Jane va téléphoner avant d'arriver chez les Gérard.

CÉCILE	Allô, oui?
JANE	Allô? C'est Cécile Gérard?
CÉCILE	Oui . . .
JANE	Bonjour, Cécile. C'est Jane. Jane Saunders.
CÉCILE	Ah Jane . . . mais quel plaisir! Comment ça va?
JANE	Très bien, très bien. Et toi?
CÉCILE	Ça va, ça va. Roger a quelques petits problèmes de santé en ce moment mais . . .
JANE	Rien de grave, j'espère?
CÉCILE	Ah non, une bronchite, c'est tout, mais sinon tout va bien. Et vous, qu'est-ce que vous devenez?
JANE	Ben, pour l'instant, moi, je suis assez prise par mon travail mais à partir du mois de mars, nous aurons un peu plus de temps libre. Et justement, c'est pour ça que je te téléphone, on pensait venir vous voir à Scaër, voir la nouvelle maison . . .
CÉCILE	Ça nous ferait vraiment plaisir. Vous pensez venir quand exactement?
JANE	Nous allons d'abord passer une semaine sur la côte près de Camaret sur Mer . . .
CÉCILE	Ah, oui c'est un très joli coin . . .
JANE	Et puis si ça vous convient, on pensait venir chez vous le weekend du 16 mars . . .
CÉCILE	Voyons, voyons . . . le 16 mars . . . c'est quel jour?
JANE	C'est un vendredi.
CÉCILE	On n'a rien de prévu ce weekend-là, donc ce sera parfait.
JANE	Formidable. Et pour vous trouver, c'est facile?
CÉCILE	Oh oui, oui . . . on est à quelques kilomètres du centre de Scaër. Je vais t'envoyer un petit plan: ce sera plus clair.
JANE	C'est gentil, merci. Et je te passerai un coup de fil une fois que nous serons en France.
CÉCILE	D'accord, donc on vous attendra le 16 mars . . .
JANE	C'est ça. Alors, bon rétablissement à Roger . . .
CÉCILE	Oui, oui . . . et dis bonjour à David.
JANE	Je n'y manquerai pas. Au revoir, Cécile.
CÉCILE	Au revoir, Jane, et à bientôt.

Vocabulary ♦

quelques petits problèmes de santé	a few health problems
rien de grave	nothing serious
une bronchite	bronchitis
être pris par	to be taken up with
avoir un peu de temps libre	to have a bit of free time
sur la côte	on the coast
rien de prévu	nothing planned
on vous attendra	we'll expect you
dis bonjour à	say hello to / give my love to

Exercise 6

Find the expressions in the dialogue which mean:

1 What are you up to?
2 That's why I'm phoning you.
3 We'd really like that.
4 If that suits you . . .
5 We've got nothing planned.
6 I'll give you a ring.

Language points ♦

Did you notice?

1 Jane uses the imperfect tense when explaining her plans – **on pensait** venir vous voir: why?
2 Notice that both Cécile and Jane sometimes use **on** and sometimes **nous** to mean 'we'. Is there any difference?
3 Jane and Cécile call each other **tu**. **Tu** is used to children, friends and family. **Vous** is used to mark more neutral and respectful relationships. Using **tu** or **vous** appropriately is really about interpreting relationships. **Tu** to the wrong person can sound overly familiar and rude, while **vous** can come across as oddly distant to a good friend. Listen to how French speakers address you, and follow suit.
4 Translate Jane's sentence into English: **Je te passerai un coup de fil une fois que nous serons en France.** Can you see any difference in the way French and English use the future tense?

Making conversation: questions and answers

After an initial greeting, the first question is usually **Comment allez-vous? Comment vas-tu?** or **Comment ça va?** To which the basic polite reply is **Très bien, merci . . . et toi / vous?** If things are just 'all right', you can reply **Ça va, ça va.**

The question **Qu'est-ce que vous devenez?** or **Qu'est-ce que tu deviens?** ('What are you up to?') encourages a longer answer, in which you might mention health or work:

J'ai / j'ai eu quelques petits problèmes de santé.
I've got / I've had a few minor health problems.

Je suis très pris(e) par mon travail en ce moment.
I'm very busy with my work at the moment.

Other similar questions are **Qu'est-ce que vous faites / tu fais en ce moment?** or simply, **Quoi de neuf?** ('What's new?').

Forming questions

In French there are three different structures for asking questions:

Pattern 1
Use normal word order, but upward intonation to indicate a question:

C'est Cécile Gérard?
Is that Cécile Gérard?

You can add a question word, usually at the end:

Vous pensez venir quand?
When are you thinking of coming?

C'est quel jour?
What day is it?

Pattern 2
Use **est-ce que** at the beginning of the question, or after a question word, such as **que** ('what'):

Est-ce que vous partez ce soir?
Are you leaving this evening?

Qu'est-ce que vous devenez?
What are you up to?

Pattern 3
Invert the subject and the verb, with the question word at the beginning if required:

> <u>Comment</u> vas-tu?
> **How** are you?

In principle, these patterns are interchangeable, but not in practice! The first pattern is increasingly frequent in relaxed speech. You'll hear **Quelle heure il est?** or **Il est quelle heure?** rather more than **Quelle heure est-il?** But you just won't hear **Quelle heure est-ce qu'il est?** It's too much of a mouthful!

Que + est-ce que, on the other hand, *is* frequently used, e.g. **Qu'est-ce que tu fais ce soir?** In contrast, **Tu fais quoi ce soir?** comes across as very informal – **quoi,** by the way, is simply the emphatic form of **que.** The inverted pattern **Que fais-tu ce soir?** may seem a little artificial and possibly pompous.

As a general rule, inversion questions sound formal and are used more in writing. For example, the request form **Puis-je** ('May I') is now caricaturally formal in speech. Pattern 1 questions are far more frequent in relaxed speech. Pattern 2 questions with **est-ce que** are neutral, but can sound clumsy. It's hard to imagine anyone saying **Comment est-ce que ça va?** rather than **Ça va?**

Exercise 7

Translate the questions by rearranging the words in the correct order. The question pattern is given in brackets.

1 Where do you come from?
   venez / où / vous / d' (1)
2 What do you do for a living?
   est-ce que / dans / vie / vous / la / faites / qu' (2)
3 Do you live in London?
   est-ce que / habitez / à / vous / Londres (2)
4 Where do you spend your holidays?
   vos / passez / où / vacances / vous (3)
5 Why are you learning French?
   apprenez / le / pourquoi / vous / français (3)
6 Do you go to France often?
   en / allez / souvent / vous / France (1)

Now practise answering these questions yourself in French.

Talking about the future

You can refer to future plans using the present tense of the verb **aller**, followed by an infinitive:

Nous <u>allons</u> d'abord <u>passer</u> une semaine sur la côte.
First of all, we're **going to spend** a week on the coast.

Je <u>vais</u> t'<u>envoyer</u> un petit plan.
I'm **going to send** you a little map.

Alternatively, you can change the verb into the future tense:

Nous <u>aurons</u> bientôt un peu plus de temps libre.
We **will** soòn **have** a bit more free time.

On vous <u>attendra</u> le 16 mars.
We **will be expecting** you on 16 March.

Note: For the forms of the future tense, see Grammar reference, p. 218.

Aller + infinitive may communicate greater certainty that an event is going to happen than the future tense. Maybe this is why Cécile says **Je <u>vais</u> t'envoyer un petit plan** (she's going to do it right away), whereas Jane uses the future in **Je te <u>passerai</u> un coup de fil** (the event is further away in time, an intention is being expressed). Often, though, the two structures are interchangeable.

After expressions referring to future time such as **une fois que, quand, lorsque** or **dès que** ('as soon as'), the verb must be in a future tense. (In English we use a present tense.)

Je te passerai un coup de fil une fois que nous <u>serons</u> en France.
I will give you a ring once we're in France.

Exercise 8

Jane is dreaming of her March holiday. Put the verbs in brackets into the future tense:

Nous (prendre) le bateau de nuit à Portsmouth, nous (débarquer) le lendemain matin à St.-Malo. Nous (arriver) à Camparet vers midi. David (faire) les courses au marché et moi, je (m'installer) à la terrasse d'un café et je (lire) le journal! Puis on (aller) manger dans un bon restaurant!

Text 2

Below you can read the directions that Cécile sent to Jane and David.

First, match the key expressions to their English translations.

1	au rond-point	a	you can't miss it
2	à l'embranchement	b	a gate
3	aux premiers feux	c	the exit
4	à gauche	d	to the right
5	à droite	e	to the left
6	vous ne pouvez pas la manquer	f	at the first traffic lights
7	un portail	g	at the roundabout
8	la sortie	h	at the junction (fork)

Les indications pour trouver Le Moulin Blanc

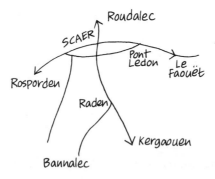

Vous viendrez sans doute avec l'autoroute de Quimper? Dans ce cas-là il faut prendre la sortie Rosporden. A Rosporden, prenez la direction Scaër (la D782). En entrant dans Scaër, aux premiers feux, tournez à droite. C'est indiqué Pont Ledon. Continuez pendant 1km à peu près, puis au rond-point, tournez à droite direction Raden. Vous suivez cette route pendant 2km puis à l'embranchement, prenez à gauche. C'est indiqué Kergaouen. Après 200m, vous verrez sur votre droite un portail blanc. Le nom de la maison – Le Moulin Blanc – est inscrit dessus. C'est une grande maison peinte en blanc – vous ne pouvez pas la manquer! Bonnes vacances et à très bientôt.

Je vous embrasse
Cécile

Exercise 10

Look at the sketch Cécile sent with her note: where is Le Moulin Blanc? Follow her instructions and indicate where you think it is on the map.

Dialogue 2 🔊

Jane and David arrive at Le Moulin Blanc and are greeted by Cécile and Roger.

CÉCILE   J'arrive . . . Jane et David, bonjour! Entrez! Ça fait vraiment plaisir de vous revoir. Soyez les bienvenus!

JANE   Bonjour Cécile! Ah . . . c'est vraiment très joli chez vous. Vous avez beaucoup plus de place que dans l'ancienne maison.

CÉCILE   Oh oui, on est vraiment bien là. Roger, Jane et David sont arrivés. Donnez-moi vos manteaux.

JANE   Merci, Cécile . . . Roger, bonjour . . . comment vas-tu?

ROGER   Très bien. Et vous-mêmes? Vous avez fait bon voyage?

JANE   Oui, oui, très bien. Nous sommes partis de Camparet après le déjeuner, et nous avons suivi les petites routes qui longent la côte. C'est vraiment très beau. Et cet après-midi nous nous sommes arrêtés à Pont-Aven pour prendre un café . . .

ROGER   Ah oui, Pont-Aven, c'est joli, n'est-ce pas? On pensait vous emmener visiter un peu par là. On y connaît un excellent petit restaurant.

CÉCILE   Allons dans le salon. Asseyez-vous! Qu'est-ce que je peux vous offrir? Un petit thé comme en Angleterre? un café? ou peut-être un apéritif?

ROGER   Un kir? Un petit Martini? Un whisky?

JANE   Ah, je prendrai volontiers un Martini.

ROGER   Un Martini, et pour vous David?

DAVID   Pourquoi pas, un Martini aussi . . . Merci Roger.

ROGER   Voilà . . . Alors, à la vôtre!

JANE   A la nouvelle maison!

Vocabulary ♦

Soyez les bienvenus!	Welcome!
qui longent la côte	which go along the coast
emmener	to take (*people*)
le salon	the living room
volontiers	willingly, happily

Language points ♦

Using the imperative

The imperative form of a verb can be used to instruct or encourage someone to do something:

Suivez cette route.
Follow this road.

Tourne à droite.
Turn right.

Encouraging rather than instructing, Cécile uses imperatives when welcoming Jane and David:

Entrez!
(Do) come in!

Allons dans le salon.
Let's go through to the living room.

The imperative form is simply the **tu, nous** or **vous** form without **tu, nous** or **vous**! Where the **tu** form ends in -es, the s is dropped. Notice, though, the position of object pronouns:

Donnez-<u>moi</u> vos manteaux.
Do give **me** your coats.

Asseyez-<u>vous</u>!
Do sit (**yourselves**) down!

Usually object pronouns come before the verb, but with positive imperatives, they are placed after it:

~~Vous~~ <u>me</u> donnez vos manteaux   → Donnez-<u>moi</u> vos manteaux.
~~Vous~~ <u>vous</u> asseyez   → Asseyez-<u>vous</u>!

Notice also that after the verb **me** becomes **moi**, and **te** becomes **toi**. All other pronouns stay the same.

~~Tu~~ te reposes   → Repose-<u>toi</u>!
You relax (yourself)   Relax (yourself)!

Just to confuse you, though, in negative imperatives, the object pronouns remain in their usual position, in front of the verb:

Ne <u>vous</u> asseyez pas là!
Don't sit down there!

Ne <u>me</u> donnez pas votre manteau – vous en aurez besoin!
Don't give me your coat – you'll need it!

Exercise 11

Respond positively to the suggestions, using an imperative:

Example: **Je peux t'envoyer un petit plan, si tu veux.**
           Oui, <u>envoie-moi</u> un petit plan.

1 Je vais peut-être vous donner des brochures sur la région?
2 Je peux t'expliquer le problème, si tu veux?
3 Je peux m'asseoir ici?
4 Je vais me reposer.
5 Je peux me servir de café?

Talking about a journey: using the perfect tense

To ask about someone's journey, you can say:

Vous avez fait bon voyage?

This question uses the perfect tense or **passé composé**. This same past tense is likely to be used in the reply:

Nous sommes partis de Camaret après le déjeuner.
We left Camaret after lunch.

Nous avons suivi les petites routes.
We followed the little roads.

Nous nous sommes arrêtés à Pont-Aven.
We stopped at Pont-Aven.

The perfect tense has two parts (hence **passé <u>composé</u>**). The first part is the present tense of **avoir** or **être** (here, **avons** or **sommes**). **Avoir** and **être** act as auxiliary verbs: they help, but don't carry the main idea. This is expressed in the past participle, the second element, which generally ends in **é**, **i** or **u**.

Note: For the forms of the perfect tense, see Grammar reference, p. 219–20.

You may have noticed in the examples above that with the auxiliary **sommes**, the past participle ends in **-s**. With the auxiliary **être**, 'agreement' with the subject is marked on the past participle, so **-s** is added for plural subjects, **-e** for feminine subjects, and **-es** for feminine plural subjects. There will be more on the perfect tense in Unit 3.

Le mot juste   manquer

Cécile wrote in her directions, referring to her house:

Vous ne pouvez pas la manquer!
You can't miss it!

You can use **manquer** as in English to talk about missing buildings, timetabled transport or appointments:

J'ai manqué mon train.
I missed my train.

Il a manqué trois jours.
He missed three days.

Manquer can also mean 'to fail / forget to do something':

Je n'y manquerai pas.
I won't forget (to do that) / Of course, I will!

But **manquer** cannot be used like 'miss' to express regret that something or someone is absent. In French, the thing being missed is the subject; the person feeling the regret is the indirect object. You have to say: **X me manque** – 'X is missing to me':

L'animation nous manque.
The lively atmosphere is missing **to us.**
We're missing the lively atmosphere

Ses amis lui manquent.
His friends are missing **to him.**
He's missing his friends.

Exercise 12

Use **manquer** to complete the conversations:

1 A: Alors, tu m'as dit, le cinéma se trouve à gauche.
B: Oui (*you can't miss it*).
2 A: Dis bonjour à tes parents.
B: (*Of course I will.*)
3 A: Tu es content d'avoir déménagé?
B: Oui mais (*I'm missing my friends*).
4 A: Alors vous êtes arrivés à l'heure ce matin?
B: Non, malheureusement (*we missed the bus*).
5 A: Alors, qu'est-ce qu'il a dit, le nouveau directeur?
B: Je ne sais pas; (*I missed the meeting*).

Bilan

1 Fill the gaps in the dialogue with phrases from the box overpage.

VÉRO   Allô?
SOPHIE   Bonjour Véronique? C'est Sophie.
VÉRO   Tiens, bonjour, Sophie. Quelle surprise! Ça fait plaisir de t'entendre. _____ (1).
SOPHIE   _____ (2) en ce moment mais sinon, ça va. Et toi, _____ (3).

VÉRO Ben ça va, _____ (4), une grippe, mais rien de grave. Je me sens beaucoup mieux maintenant.

SOPHIE C'est bien. Dis, Véro, je t'appelle parce que je serai à Paris samedi prochain et _____ (5).

VÉRO Mais oui, _____ (6). _____ (7)

SOPHIE Mon train arrive à midi, donc vers midi et demi?

VÉRO Parfait. On ira déjeuner dans le petit restaurant en face?

SOPHIE D'accord. Alors _____(8) . . . et _____(9).

VÉRO _____ (10). Au revoir, Sophie.

a je pensais venir te voir	f ça me ferait vraiment plaisir
b Comment vas-tu?	g à samedi
c Tu penses venir vers quelle heure?	h Je n'y manquerai pas
d dis bonjour à Jean-Paul	i J'ai beaucoup de travail
e j'ai eu quelques petits problèmes de santé	j qu'est-ce que tu deviens?

2 Write a short greeting for the following circumstances:

a Christophe and Juliette have just moved house.
b Yvette has just retired.
c Jean-Marie is recovering after an operation.
d Marie-Claire is off to spend two weeks in Spain.

3 Translate this New Year's greeting:

Dear Martine and André
Our best wishes for the New Year: may 2003 bring you health and happiness. We've moved house. We're now in Swindon. We miss the countryside, but we've got more space in the new house. Come and see us soon!

With love
Chris & Sarah

2   La France et ses villes

In this unit you can learn about:

- ▶ France and its main towns
- ▶ talking about figures
- ▶ giving reasons using **grâce à, à cause de, parce que** and **puisque**
- ▶ using colloquial phrases such as **alors, donc, c'est ça**
- ▶ describing places
- ▶ using reflexive verbs

Text 1

Read the text overpage to find out more about France and its population. Did you know, for example, that France is far less densely populated than Britain?

Vocabulary ♦

la répartition de la population	the distribution of the population
une aire urbaine	an urban area (*a technical term*)
une aire de repos*	a rest area on a motorway
une agglomération	a built-up area, conurbation
l'implantation	the setting up (*of a company*)
s'implanter*	to set up
les trois dernières décennies	the last three decades
constater	to note (**on constate** = one can see)
s'installer	to settle (*in an area*), to set up
attirer	to attract
la banlieue	the suburbs
le centre-ville	the town centre
le coût élevé	the high cost
le logement	accommodation

(* not in text)

Exercise 1

Lisez le texte. Les affirmations suivantes sont-elles vraies ou fausses?
Répondez en français.

1 La France compte plus de 70 millions d'habitants.
2 Un Français sur six vit dans l'agglomération parisienne.
3 Les régions agricoles se situent plutôt au nord de la France.
4 La France est le premier pays agricole d'Europe.
5 La population rurale a augmenté au cours des dernières années.
6 Les Français quittent les centres-villes pour les banlieues.

La France au début du 21ᵉ siècle

Au début du 21ᵉ siècle, la France compte 60,4 millions d'habitants.

Un pays peu peuplé?
La France est moins peuplée que la plupart de ses voisins européens (107 habitants au km² contre 240 h/km² pour le Royaume-Uni). Cependant la répartition de la population présente

Une maison isolée en Auvergne.
Photo: Thijs Karrenbeld.

de forts contrastes. La moitié des Français vit sur un peu plus de 10% du territoire.

Un pays centralisé?
Un Français sur six vit dans l'aire urbaine de Paris (10,6 millions). Les autres grandes agglomérations sont celles de Lyon (1,6 millions), de Marseille (1,4 millions) et de Lille (1,1 millions).

Ces grandes concentrations de population sont situées plutôt à l'est. Les régions de l'ouest sont traditionnellement agricoles, mais certaines d'entre elles, par exemple la Bretagne, connaissent aujourd'hui d'importantes transformations économiques grâce à l'implantation d'entreprises spécialisées dans les technologies nouvelles.

Depuis les trois dernières décennies, on constate une forte migration de population du nord-est vers les côtes atlantique et méditerranéenne: la mer et le soleil semblent attirer de plus en plus de Français qui cherchent une meilleure qualité de vie. Toutefois la région de l'Île de France, où se situe Paris, reste très dynamique. Selon les prévisions, sa population augmentera de 16% d'ici 2020.

La banlieue parisienne.
Photo: John Karrenbeld.

Un pays agricole?

S'il est vrai que la France est le premier producteur et exportateur agricole européen, seulement 3,2% de sa population active travaille de nos jours dans l'agriculture. La population rurale a diminué de plus de 50% depuis 1950. Actuellement les trois-quarts des Français vivent dans une zone urbaine, mais ce sont surtout les banlieues qui se développent. Les populations des centres-villes sont en déclin à cause essentiellement du coût élevé du logement.

Language points ♦

Talking about figures

To present figures, there are two useful expressions:

La France <u>compte</u> 60,4 millions d'habitants.
La population française <u>est de</u> 60,4 millions.

Note that in French a comma is used to indicate decimals.

To talk about proportions, you can use terms such as **la moitié** ('half'), **le tiers** ('a third') or **les trois-quarts** ('three-quarters'), or you can indicate a proportion using the preposition **sur**:

Un Français <u>sur</u> six vit dans l'aire urbaine de Paris.

To talk about increases and decreases, the most general verbs are:

augmenter to increase
diminuer to decrease

You'll come across different expressions to refer to changes in size: se **développer** ('to grow'), for example, is used for towns, institutions and businesses, while **baisser** ('to fall, to reduce') is used for prices, temperatures, and rates of unemployment or inflation (**le taux de chômage**, **le taux d'inflation**). Make a note of them and their context.

Exercice 2

235

Using Text 1 to help you, translate the following:

1 The United Kingdom has a population of 58 million.
2 The population of Paris has fallen by 5% since 1980.
3 France is the number one exporter of wine in Europe.
4 According to forecasts, the population of Britanny will increase by 5% between now and 2010.

Giving reasons

You are probably familiar with using **parce que** to give a reason, but **grâce à** and **à cause de** are also useful because they can be used with a noun phrase, such as **le coût élevé**, on its own:

Il a quitté Paris <u>à cause du</u> coût élevé du logement.
He left Paris **because of** the high cost of accommodation.

While **à cause de** is neutral, **grâce à** assumes a positive outcome:

Les régions de l'ouest connaissent d'importantes transformations économiques <u>grâce à</u> l'implantation d'entreprises spécialisées dans les technologies nouvelles.
The areas in the west are being transformed economically, **thanks to** the setting up of firms specialised in the new technologies.

Parce que has to be used with a clause including a verb:

Il a quitté Paris <u>parce que</u> le coût du logement <u>était</u> trop élevé.
He left Paris **because** the cost of accommodation **was** too high.

Puisque, like **parce que**, introduces a verb clause. It's used when the speaker feels their conclusion is self-evident:

<u>Puisque</u> le coût du logement est si élevé, il a quitté Paris.
Since the price of accommodation is so high, he left Paris.

235/6

Exercise 3

Fill in the blanks with **grâce, à cause, puisque** or **parce qu'**.

1 Je veux quitter mon appartement _____ du bruit.
2 Mon voisin déménage _____ il a trouvé un nouvel emploi.
3 _____ au TGV, je peux être à Paris en trois heures.
4 _____ vous êtes Anglais, vous devez connaître les œuvres de Shakespeare!

Le mot juste   savoir / connaître

Two verbs – **connaître** and **savoir** – translate 'to know'. **Connaître** refers to knowing 'something' and is used with a direct object:

Je connais un peu d'allemand.

while **savoir** is used when a clause follows, or is implied:

Je sais qu'il faut partir.
Tu veux venir? Je ne sais pas [si je veux venir].

But **connaître** also means 'to experience, to go through':

Certaines régions connaissent d'importantes transformations.
Pendant les années 90, la France a connu une crise économique.

And in Text 2, you'll meet **connaître** in the following phrase:

Toute la métropole de Lille connaît une vie culturelle intense.

The meaning of **connaître** here is closest to 'to experience', but we'd probably simply say something like: 'The Lille area offers a wide range of cultural activities'.

236

Exercise 4

Underline the correct verb to complete the sentence.

1 Je **connais / sais** assez bien le Midi de la France.
2 Je ne **connais / sais** pas si Jean vient ce soir.
3 L'année dernière, l'entreprise a **connu / su** une période difficile.
4 Quelle est la population de l'Italie? Je ne **sais / connais** pas.
5 Est-ce que tu **sais / connais** comment préparer une Carbonnade?
6 Non, je ne **sais / connais** pas la recette.

Le saviez-vous? ◆

When people talk about where they come from, they will usually refer to their town (**ville**) or village (**village**). They may refer to their **quartier**, the district where they live. Administratively, however, France is divided into **communes**, each run by a mayor (**un maire**) and a town council (**un conseil municipal**).

The next administrative division up is the **département** – there are ninety-six in all in mainland France. If you've driven in France, you may have noticed that car number plates in a given area tend to have the same final two digits. For example, around Calais, you'll see lots of 62s. This figure, also used in postal addresses, indicates the **département**: 62, for example, indicates the Pas-de-Calais.

The **départements** are then grouped together into twenty-two **régions** (see map on p. xi). The largest region in terms of population is – inevitably – Île-de-France, the area around Paris. The smallest is the central mountainous area of the Auvergne.

Some of the **régions** correspond to the historical **provinces**, e.g. Alsace, Bretagne, Aquitaine, etc. However, other cultural and historical regions have no administrative equivalent. Lille, for example, is in the **région** of Nord-Pas-de-Calais, but, as you will find out in Text 2, it prides itself on being **capitale des Flandres** (Flanders), an area usually associated with northern Belgium.

Dialogue 1 🔊

*In the following interview, you're going to hear three French people, Didier, Marie and Édith, talking about their home towns (*leurs villes d'origine*): Lille, Lyon and Paris.*

Exercise 5

Listen to the interview to find the following information:

1 What explains Lille's recent redevelopment?
2 Lyon is a good place for leisure activities: why?
3 According to Édith, Paris has changed: in what way?

Vocabulary ♦

débloquer des fonds	to release funding
le TGV (train grande vitesse)	the high-speed train
des complexes (m) **de bureau**	office complexes
relier	to link
ça permet pas mal de loisirs	that makes quite a few leisure activities possible
des restos (informal)	*short for* restaurants
des sorties (f)	*here:* places for a night out
sortir*	to go out
une vie de quartier	a sense of local community
son côté humain	its human side

(*not in text)

INT.   Didier, vous, vous venez de Lille, je crois?

DIDIER   Oui, oui, c'est ça, de Lille dans le nord de la France. C'est une grande ville près de la frontière belge. Nous avons eu la chance d'avoir un maire très dynamique, qui a été le premier ministre de François Mitterrand,* ce qui veut dire qu'il a débloqué beaucoup de fonds pour la ville, et en particulier, maintenant, nous avons le TGV qui vient donc à Lille et la ville a été complètement redéveloppée autour de ce TGV.

INT.   D'accord, donc c'est une ville qui s'est beaucoup ouverte sur l'extérieur?

DIDIER   C'est ça, puisque Lille est un point stratégique entre donc Paris, Londres et Bruxelles . . . donc c'est au cœur. Et on a construit donc des complexes de bureaux et puis beaucoup de grandes entreprises sont venues s'y installer.

INT.   D'accord . . . très bien. Marie, vous venez de Lyon?

MARIE   De Lyon, oui, dans le sud-est de la France.

INT.   Alors, est-ce que c'est aussi une ville dynamique qui a beaucoup changé au cours de ces derniers temps?

MARIE   Euh, c'est une ville qui change, oui, qui est en train de changer, je crois. Il y a aussi donc le TGV qui relie Paris en deux heures, donc c'est très rapide. C'est une ville qui . . . la deuxième ville de France au point de vue nombre d'habitants.

INT.   D'accord.

MARIE   C'est très près de la mer et de la montagne, donc ça permet
           pas mal de loisirs. Il y a de plus en plus de théâtres, de restos,
           de sorties, de choses à faire.
INT.   D'accord. Édith, je crois que vous venez de Paris, c'est ça?
ÉDITH   Oui, c'est ça . . .
INT.   Moi, j'ai un petit peu l'image de Paris comme une ville
           cosmopolite, un peu anonyme, mais est-ce qu'on peut y
           trouver une vie de quartier, euh même dans une grande ville
           comme ça?
ÉDITH   Quand . . . quand j'y habitais, j'avais cette impression-là.
           Quand j'y retourne maintenant, c'est un petit peu différent.
           Les gens qui habitent toujours à Paris maintenant pensent
           que c'est une ville qui a perdu justement de son . . . de son
           côté humain et agréable et comme vous dîtes c'est assez
           . . .
INT.   Un peu anonyme?
ÉDITH   Un peu anonyme, c'est ça.

*Pierre Mauroy, Premier ministre de 1981 à 1984 et maire de Lille depuis 1973.
François Mitterrand, Président de 1981 à 1995.

Le TGV qui relie Paris à Lyon en 2 heures . . .
Photo: Paul Slater.

Language points ♦

Describing places

To find out where someone comes from:

Vous venez d'où?   Je viens de Croydon.

Vous êtes d'où?   Je suis de Bristol.

To give a bit more information about a place:

C'est dans la banlieue de Londres
       à la campagne
       près de la frontière belge
       dans le nord / le sud / l'est / l'ouest
       à 150 kilomètres de Londres

Here are just some of the adjectives you can use to describe places:

C'est une ville	dynamique	cosmopolite	accueillante
	historique	industrielle	culturelle

C'est un endroit   beau laid calme vivant triste

And you can simply use **il y a** to say what's there:

Il y a la mer   la montagne   des restaurants   beaucoup de cinémas

As in the dialogue, you can talk about changes:

C'est une ville qui <u>a beaucoup changé</u> au cours des dernières années.
It's a town which has **changed a lot** over the last few years.

C'est une ville qui <u>est en train de changer.</u>
It's a town which is **(in the process of) changing.**

Il y a <u>de plus en plus</u> de restaurants.
There are **more and more** restaurants.

Il y a <u>de moins en moins</u> de petits magasins.
There are **fewer and fewer** small shops.

Exercise 6

An English friend is talking about where he lives and wants you to translate for French friends. What would you say?

> It's a historic town, but it's a town which is changing. There are more and more things to do. There are now lots of cinemas. They've built a new theatre. There are more and more good restaurants. It's near the sea. It's also a very friendly town. I live in the town centre, but there's really a sense of local community.

Did you notice?

Did you notice the number of times that **y** is used in this interview? For example, Didier says:

> **Beaucoup de grandes entreprises sont venues s'y installer.**
> A lot of big companies have come to set up **there**.

He's referring back to **à Lille**. **Y** generally replaces **à** + something inanimate and often stands in for expressions of place. So where is the interviewer referring to when later he asks: '**Est-ce qu'on peut y trouver une vie de quartier?**'

Colloquial phrases

Keeping conversation going can be tricky, but the more you listen to colloquial French, the more you'll start to pick up the little expressions which oil the wheels of the conversation, such as:

D'accord	Right, OK (*accepting information, agreeing*)
C'est ça	Yes, that's right. That's it (*confirming*)
Alors	So (*introducing a new topic*)
Donc	So (*linking to something assumed to be known, or indicating a logical progression*)

These expressions only have a very loose meaning – **alors** and **donc**, for example, are used in very similar contexts, but look back at Dialogue 1 to see how often they are used.

236

Exercise 7

In this dialogue, between an English customer and a French bank employee, fill in the blanks with **alors, donc, d'accord** or **c'est ça.**

EMPLOYÉ   _____ (1) vous venez de Londres?

M. JONES   Pas vraiment de Londres. Croydon, c'est la banlieue de Londres.

EMPLOYÉ   _____ (2). Et vous êtes de nationalité britannique?

M. JONES   Oui, _____ (3).

EMPLOYÉ   Très bien. _____ (4) Monsieur Jones, si vous voulez bien, j'ai juste besoin d'une petite signature ici.

M. JONES   _____ (5).

EMPLOYÉ   Merci beaucoup. _____ (6), comme je vous ai dit, nous vous contacterons la semaine prochaine . . .

M. JONES   _____ (7). Et vous m'enverrez les documents à la maison?

EMPLOYÉ   Oui, _____ (8). Merci d'être venu et au plaisir de vous revoir.

Text 2

The extract on pages 31–2 from a brochure about Lille starts by emphasising Lille's strategic position **au cœur du triangle Paris–Londres–Bruxelles.** *But what other reasons are there for visiting Lille?*

Exercise 8

1 Why might the following people want to visit Lille:
    a a student of architecture
    b a fan of French cinema
    c a second-hand dealer
2 Which details suggest that Lille is easy to get to?
3 Which detail suggests there's a lot of entertainment on offer?
4 In which part of Lille will you find a pedestrian area?
5 Wazemmes has **une ambiance populaire**: what does this mean?
6 When does the Braderie take place and how long does it last?
7 Is it mainly a market for specialist dealers?
8 What is the special dish associated with the Braderie?

Lille – capitale des Flandres

La place du générale de Gaulle dite «Grande Place».
Photo: Daniel Rupaich, Ville de Lille.

Au coeur du triangle Paris–Londres–Bruxelles grâce aux réseaux TGV et autoroutier et au Tunnel sous la Manche, Lille se situe à moins de 350 km de six capitales européennes. Résolument tournée vers l'avenir, Lille conserve cependant avec fierté son histoire, ses traditions et son identité.

Classée Ville d'Art, Lille a conservé de son passé de nombreux édifices témoins d'influences artistiques variées du Moyen Âge jusqu'au développement industriel au XIXè siècle: du gothique au classique, de la renaissance flamande à l'Art Nouveau, ici coupoles hindoues côtoient créneaux médiévaux, la brique côtoie la pierre ou la céramique, pour le plus grand plaisir des yeux.

Lille et ses environs disposent aussi de nombreux musées, dont plusieurs viennent d'être rénovés. Toute la métropole connaît de plus une vie culturelle intense: chaque soir, on offre plus de 100 spectacles différents, sans tenir compte du cinéma qui occupe ici une place importante. Lille à elle seule possède plus de 20 salles concentrées dans une même rue!

Lille est une cité accueillante et vivante – charme du centre-ville et de son secteur piétonnier, ou ambiance populaire du quartier de Wazemmes – la ville entière invite à la flânerie.

La Braderie de Lille

Le plus grand marché aux puces d'Europe qui s'étend sur 200 km de trottoir accueille chaque année au début du mois de septembre plus de 2 millions de visiteurs! L'origine de cette tradition lilloise remonte au Moyen Âge où les valets de chambre avaient obtenu une fois par an le droit de vendre les vieux habits et les vieux objets de leurs maîtres. Depuis, les greniers continuent à se vider: particuliers ou brocanteurs s'installent pour deux jours et deux nuits. L'ambiance est à la fête, on brade, on fouine et l'on mange des moules frites du samedi 17 heures au dimanche minuit!

Source: © Mairie de Lille, 1996.

Vocabulary ♦

un réseau	a network
avec fierté	with pride
les édifices (m)	buildings
témoin de	witness to
les coupoles hindoues	Indian cupolas
côtoyer	to be (found) side by side with
le côté*	the side
des créneaux médiévaux	medieval battlements
un spectacle	a show
les salles (f) (de cinéma)	'screens' in a multi-screen cinema
la flânerie	leisurely strolling
flâner*	to stroll around
un marché aux puces	a flea-market
les valets de chambre	valets, servants
les vieux habits	old clothes (*old-fashioned*)
les greniers (m) **continuent à se vider**	people continue to clear out their attics
les particuliers (m)	private individuals
les brocanteurs (m)	second-hand dealers
fouiner	to rummage around
brader	to sell off cheap
des moules frites	mussels and chips

(*not in text)

237

Exercise 9

Using Text 2 to help you, complete this postcard to a friend:

> *Chère Sophie*
> *Comment vas-tu? Moi, je suis en vacances depuis quelques jours. Demain je pars*
> *en France . . . je vais passer une semaine à Lille.*
> (Say, thanks to the TGV, it's only two hours away from London.)
> *On m'a dit qu'il y a beaucoup de choses à voir.* (There's a pedestrian area,
> with lots of little shops.) *Je vais surtout flâner . . . et puis, ce weekend,*
> *c'est la fameuse Braderie de Lille.* (Explain what this is. Say you're going
> to eat lots of moules frites there!)
> *Je t'embrasse très fort*

Language points ♦

Le mot juste   accueillir, accueil

The verb **accueillir** has more meanings than just 'welcome':

> **Nous sommes heureux de vous <u>accueillir</u> dans notre centre.**
> We are pleased to **welcome** you to our centre.

> **La Braderie de Lille <u>accueille</u> plus de 2 millions de visiteurs.**
> The Braderie de Lille **attracts** more than 2 million visitors.

> **On l'a <u>accueilli</u> à l'aéroport. Il nous a <u>accueillis</u> chez lui.**
> We **met** him at the airport. He **received** us at his home.

> **Le nouveau théâtre peut <u>accueillir</u> plus de 500 personnes.**
> The new theatre can **accommodate** more than 500 people.

The noun **accueil** (m) means 'welcome' – **un accueil chaleureux** is 'a warm welcome' – but **l'accueil** in a public building is 'the reception area'.

Reflexive verbs

Reflexive verbs are verbs used with a reflexive pronoun: that's **me, te, se, nous** and **vous**. The English reflexive pronouns are 'myself, yourself, himself', etc. However, French reflexive pronouns may often not be translated directly into English:

Particuliers ou brocanteurs s'installent pour deux jours.
Private sellers or second-hand dealers set (**themselves**)
up for two days.

Reflexive verbs are frequently used in French to express an action done to the subject of the sentence. In this way, the person or thing responsible for the action is not mentioned:

Depuis, les greniers continuent à se vider.
Ever since, attics continue **to be cleared out** *or*
Ever since, people continue **to clear out** their attics.

Exercise 10

How would you translate the following into English?

1 Lille **se situe** à moins de 350km de six capitales européennes.
2 Le plus grand marché aux puces d'Europe **s'étend** sur 200km de trottoir.
3 Les moules frites **se mangent** surtout dans le nord de la France.
4 En France, les timbres **se vendent** dans les tabacs.
5 Les tickets pour le restaurant **s'obtiennent** à l'accueil.

Dialogue 2 🔊

Dialogue 2 is part of a radio quiz Questions hexagonales, *where the two contestants, Joëlle and Simon, have to guess a French town from a description.*

Exercise 11

First, identify the towns below on the map on p. 35. Based on the map, and any general knowledge you already have, jot down a few sentences in French about each of these towns. Then listen to

Dialogue 2 and, for each town, note down the details mentioned. Are they the same as yours?

1 Strasbourg
2 Marseille
3 Montpellier
4 Rennes
5 Lyon
6 Toulouse

ANIMATEUR   Donc, dans cette dernière partie de notre jeu, à vous de trouver une ville française à partir de sa description. Alors, Joëlle. Cette ville est équipée d'un métro, elle est desservie par le TGV, elle a un aéroport international et c'est le principal port français de commerce . . .

JOËLLE   Euh . . . ce doit être Marseille?

ANIMATEUR	Bravo, Joëlle, c'est Marseille. Deux points. Simon, maintenant. Votre ville est un port aussi, mais un port fluvial . . .
SIMON	Rouen?
ANIMATEUR	Non, puisque cette ville se situe sur le Rhin, près de la frontière allemande, à 450km de Paris. C'est le siège – ou plutôt l'un des sièges – du Parlement européen.
SIMON	Strasbourg.
ANIMATEUR	Oui, c'est ça, Strasbourg, mais un point seulement pour vous Simon. Joëlle: une ville maintenant à l'autre bout de la France. C'est l'ancienne capitale du Languedoc, située sur la Garonne et surnommée la Ville Rose.
JOËLLE	Bordeaux?
ANIMATEUR	Non. C'est le centre de l'industrie aéronautique.
JOËLLE	Toulouse . . .?
ANIMATEUR	Mais oui, Toulouse, surnommée la Ville Rose à cause de?
JOËLLE	Euh, je ne sais pas.
ANIMATEUR	A cause de la jolie couleur de la pierre qui a servi à construire, entre autres édifices, la cathédrale. Joëlle, un point seulement. Question suivante, Simon: cette ville du Midi de la France s'est beaucoup dévelopée récemment grâce aux nouvelles technologies. C'est la capitale de la région Languedoc-Roussillon.
SIMON	Nîmes . . .?
ANIMATEUR	Non, je suis désolé . . . la bonne réponse est Montpellier. Joëlle, votre dernière question, et on remonte vers le nord. Au seizième siècle, cette ville fut le siège du parlement de Bretagne. Elle est située au confluent de deux rivières: l'Ille et la Vilaine.
JOËLLE	C'est Rennes?
ANIMATEUR	Rennes, c'est bien ça, donc deux points pour vous et une dernière question pour Simon. Il s'agit d'une ville au confluent du Rhône et de la Saône, c'est un centre d'industries chimiques, elle se trouve au cœur du réseau autoroutier.
SIMON	Lyon?
ANIMATEUR	Mais bien sûr, Lyon, la deuxième ville de France. Alors je vous donne le score: Simon, 4, Joëlle, 5: donc c'est vous, Joëlle, qui êtes aujourd'hui la gagnante de notre jeu *Questions hexagonales*!

Vocabulary ♦

desservie par le TGV	served by the TGV
un port fluvial	a river port
un fleuve	a river, a major waterway
à l'autre bout de	at the other end of
le siège	the headquarters, the seat
	(of a parliament)

Exercise 12

Répondez aux questions suivantes en français:

1 Comment peut-on aller à Marseille?
2 Où est Strasbourg?
3 Toulouse est surnommée la Ville Rose: pourquoi?
4 Décrivez Lyon.

Language points ♦

Did you notice?

1 When Joëlle gives her first answer, she introduces it with 'Ce **doit** être Marseille'. Just like in English, the verb **devoir** which means 'to have to' can be used to express a logical conclusion: 'it *must* be Marseille'. To draw a logical conclusion about a past event, you use the perfect tense of **devoir**: **J'ai dû me tromper** – 'I **must have made** a mistake'.

2 Did you notice the unusual verb form in the description of Rennes: '**Au seizième siècle, cette ville fut le siège du parlement de Bretagne**'. This is an example of the past historic tense which is used in literature and in referring to historical events. There's more about this tense in Unit 11. But what do you think the infinitive of **fut** is?

Bilan

1 Translate the following sentences, using vocabulary and structures from the unit.

   a Lille has 960 000 inhabitants. Its population has increased by over 10 000 since 1994.

   b Every year, Lille's Festival of Music attracts over a million visitors.

   c Montpellier has recently been through a period of exceptional economic development. Its population has increased by 10%. Many new firms have come to set up there.

   d My friends left Paris because of the noise.

   e Lyon has many museums and theatres, not to mention over fifty cinema screens (use **salles de cinéma**).

2 You strike up a conversation with a French colleague. Write out your answers to her questions:

   – Vous venez d'où?

   – C'est où exactement?

   – C'est un endroit agréable?

3 Répondez en français aux questions suivantes:

   a La Bretagne connaît aujourd'hui un renouveau économique: pourquoi?

   b Beaucoup de Français quittent les régions du nord-est pour aller s'installer dans le sud et le sud-ouest: pourquoi?

   c De plus en plus de Français quittent les centres-villes pour s'installer en banlieue: pourquoi?

4 The following text reports on a survey to find France's most attractive towns. Why were people attracted to Toulouse, Montpellier and Nice?

> **Toulouse** arrive en tête du classement général des villes, avec la meilleure opinion favorable. Grâce sans doute à sa haute technologie et à ses monuments culturels, Toulouse bénéficie d'une excellente image auprès des Français.
>
> Suivent de très près **Montpellier** et **Nice** qui bénéficient également d'une très bonne image auprès des Français, probablement grâce à leur richesse culturelle et économique.
> Source: © CSA TMO, 2001.

3 En route

In this unit you can learn about:

- ‣ travelling by car in France
- ‣ verbs of movement
- ‣ direct object pronouns **le**, **la** and **les**
- ‣ recounting an event in the past
- ‣ guessing vocabulary
- ‣ using **il faut** to give instructions and advice
- ‣ explaining a problem with your car

Le saviez-vous? ♦

France has one of the densest road networks in Europe. Its motorways (**autoroutes**) span out from Paris to allow easy access to all parts of the country. The majority are toll roads (**à péage**) managed by private companies. The alternative is the **routes nationales** or the smaller **routes départementales**. Some of the **nationales** are fast highways with three or four lanes (**à trois ou quatre voies**); others meander through towns and villages. However, most large towns, and increasingly the smaller ones, now have a by-pass (**une rocade**).

The motorways can get very busy indeed during **les grands départs** – the annual migration of the French in the second half of July and early August to traditional holiday destinations **à la mer ou à la montagne**. And of course, the end of August is busy because of the returning traffic. Days when particularly heavy traffic can be expected are **classés rouge** or **orange** by the Road Information Service.

 Alternative routes, avoiding heavy traffic, may be indicated by a **Bis** or **Bison Futé** sign. Intriguingly, **Bison Futé** actually means *Wily Buffalo*! It's the name

dreamt up by the Road Information Service for the little Red Indian chief who is the mascot of the service. The **Bison Futé** service has a web site at <http://www.bison-fute.equipement.gouv.fr>.

Text 1

Here is an extract from a holiday account posted on the Internet by Gaby and Christiane who are camper-van enthusiasts. They describe their journey down towards Amélie-les-Bains in the Southern Pyrenees. You can follow their route on the map.

La fin du mois d'août n'est pas idéale pour faire du camping-car, mais c'est quand même faisable si on évite les côtes et les stations balnéaires.

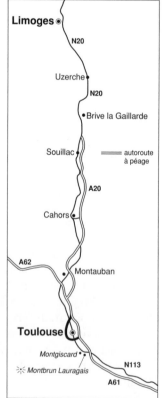

Notre première destination était Amélie-les-Bains, station thermale des Pyrénées Orientales. Partis le 25 août, nous passons par Limoges, puis descendons la N20 jusqu'au sud de Brive. Un peu avant Souillac, le choix se pose de continuer par l'autoroute, mais avec péage. Nous la prenons, mais le regrettons, car le trafic est très dense. Après Cahors, nous reprenons la nationale 20. Ouf! Quel plaisir! Bien aménagée, souvent à 3 ou 4 voies, la route est très fluide. Malgré les vacances, il n'y a presque pas de circulation.

Le contournement de Toulouse par la rocade ouest se fait aussi très aisément, puis nous prenons la nationale 113 entre Toulouse et Narbonne. Même agréable surprise! Tous les automobilistes se font racketter sur l'autoroute et nous laissent la N113 entièrement libre.

A 20km de Toulouse, nous essayons de rentrer dans Montgiscard pour notre étape de nuit. Stop! Interdit aux camping-cars! Pas grave, nous prenons alors une petite route vers le sud, et rejoignons une bourgade: Montbrun Lauragais. C'est signalé sur la carte comme étant un joli point de vue. Exact! En plus, aucun panneau d'interdiction. Nous rejoignons tout simplement le parking à l'entrée de l'unique école du village et nous y passons une nuit calme. Un excellent début de vacances!

Source: <http://campingcar.passion.free.fr/balade/cathare/cathare.htm>.

Exercise 1

1 Why might the end of August not be 'idéale pour faire du camping-car'?
2 Why is it important to 'éviter les côtes et les stations balnéaires?'
3 Why did they regret taking the motorway outside Souillac?
4 Why were they pleased to get back on the N20?
5 Did they have problems getting around Toulouse?
6 What was the problem at Montgiscard?
7 What do you think a **panneau d'interdiction** might be?
8 What were the advantages of Montbrun Lauragais?

Vocabulary ♦

la côte, les côtes	the coast
une station balnéaire	a seaside resort
une station thermale	a spa
le choix se pose	(we are) faced with the choice
bien aménagé	well constructed
aménager une route*	to build a road
fluide	fast (i.e. no traffic jams)
la circulation	the traffic
le contournement	the by-passing
contourner*	to by-pass
se faire racketter	to be swindled
racketter*	to swindle, extort
une étape de nuit	a stopover (on a journey)

une étape*	a stage, a stopping place
c'est signalé	it's indicated
un point de vue	a panorama
un panneau	a (road) sign

(*not in text)

Exercise 2

The style of this travelogue is made more lively by the conversational interjections, such as **Même agréable surprise!** ('Same pleasant surprise!') Can you find the French for:

1 Phew!
2 How nice!
3 Never mind
4 Absolutely right!
5 What's more

Language points ♦

Did you notice?

1 The travelogue starts with an imperfect tense to set the scene: 'Notre première destination **était** Amélie-les-Bains', but what tense is used after that?
2 Identify three examples of a verb used reflexively, i.e. with a reflexive pronoun (Unit 2), and come up with a suitable English translation in the context.

Object pronouns **le, la** and **les**

Un peu avant Souillac, le choix se pose de continuer par l'autoroute . . . Nous **la** prenons, mais **le** regrettons.

Le and la above are direct object pronouns. Le refers back to a masculine singular noun or a general fact, while la refers to a feminine singular noun. Here, la refers to l'autoroute, while le refers to the fact of having continued on the motorway. Like all object pronouns, le and la are placed in front of the verb they are linked to.

Later on in this unit, you'll come across the direct object pronoun **les** which replaces a plural noun, masculine or feminine:

Les bougies sont usées – il faut les remplacer.
The spark plugs are worn out – you need to replace **them.**

Verbs of movement

In English, we frequently use 'go' / 'come' / 'get' + preposition in describing a journey. In French, different verbs may express the different directions of movement.

contourner	to go round	entrer dans	to go into
descendre	to go down	passer par	to go by / through
monter	to go up	rentrer dans	to get into
rejoindre	to get (back) to	sortir de	to go out of
traverser	to go across		

with **avoir** in the perfect tense   with **être** in the perfect tense

Some of these verbs can be used with a direct object, e.g. **contourner une ville, descendre la N20**. All verbs with direct objects are conjugated with **avoir** in the perfect tense.

Other verbs require a preposition, e.g. **passer par Limoges**. All verbs on the right in the list above require prepositions and are conjugated with **être**.

However, note that **descendre** and **monter** can be used in both ways. With a direct object, e.g. **nous avons descendu la N20**, they are conjugated with **avoir**. Without a direct object, they take **être**: **nous sommes descendus vers la côte.**

Exercise 3   238

Translate this itinerary. Use the future tense where appropriate.

Our destination today is Brockenhurst, a small, picturesque town in the New Forest. First we will take the A27 towards Portsmouth. We will pass through the historic town of Chichester. At Portsmouth we will take the motorway in order to (**afin de**) by-pass Southampton. Ten miles outside Southampton, we will take the A337 which goes across the New Forest and down towards the coast. We will arrive in Brockenhurst at 11.30.

Dialogue 1 🔊

Cécile Gérard's neighbours, Sophie and Philippe, were also in the
Pyrenees. They had a great time, but disaster struck on the last day
as they drove over the Col d'Aubisque, a mountain pass ...

Exercise 4

Before listening to the dialogue, check the following vocabulary.

1	tomber en panne	a	to overheat
2	un voyant	b	at the top
3	s'allumait	c	oil
4	le tableau de bord	d	to break down
5	au sommet	e	a rental car
6	une drôle d'odeur	f	to tow
7	de l'huile	g	the dashboard
8	être en surchauffe	h	kept coming on
9	remorquer	i	a warning light
10	une voiture de location	j	a strange smell

Exercise 5

Ecoutez le dialogue. Répondez en français aux questions suivantes:

1 La voiture est tombée en panne: quand? où? pourquoi?
2 Où est la voiture maintenant?
3 Combien de temps restera-t-elle là-bas?
4 Comment Philippe et Sophie sont-ils rentrés de vacances?

CÉCILE   Alors, les vacances se sont bien passées?

SOPHIE   Oui, excellentes. On a eu un temps splendide.

CÉCILE   Vous étiez où?

SOPHIE   A la montagne, dans les Pyrénées-Atlantiques, près d'Eaux-Bonnes, c'est une petite station thermale. Seul problème, la voiture est tombée en panne et elle est toujours là-bas ...

Photo: Paul Slater.

CÉCILE	Ah non, ce n'est pas vrai! Qu'est-ce qui s'est passé?
SOPHIE	Oh là, là . . . C'est toute une histoire. On voulait passer notre dernière journée à Lourdes, et pour y aller, il faut passer par ce fameux Col d'Aubisque. Tu sais, c'est à 1800 mètres d'altitude. Alors en montant, on a remarqué qu'un des voyants sur le tableau de bord s'allumait mais bien sûr, nous, on n'y a pas fait trop attention. Et puis arrivés presque au sommet, on a senti une drôle d'odeur, il y avait de la vapeur qui sortait du capot et des bruits bizarres. Alors, on a continué jusqu'au sommet, on s'est arrêté au parking, Philippe a ouvert le capot et là . . . c'était affreux, il y avait de la vapeur et de l'huile partout. Le moteur était en surchauffe. Heureusement, j'avais mon portable sur moi, j'ai donc téléphoné à un garage à Eaux-Bonnes, ils sont venus nous remorquer. Il paraît que le moteur est cassé, il faut au moins une semaine pour le changer. La voiture est donc restée là-bas et nous, nous sommes rentrés hier soir dans une voiture de location!
CÉCILE	Quelle histoire!

Language points ◆

Talking about past events

When you narrate an event in the past, you will need to

- describe what was happening, give the background
- recount the series of events

In French, you use the imperfect tense for the background and the perfect tense for the sequence of events. You can see how this works in Sophie's account:

en montant, on <u>a remarqué</u>

Perfect: the noticing is an event, it happened at a specific moment

qu'un des voyants sur le tableau de bord s'<u>allumait</u>

Imperfect: communicating the idea of 'kept coming on'

mais on n'y <u>a</u> pas <u>fait</u> trop attention.

Perfect: having noticed the light, we then ignored it

Puis … on <u>a senti</u> une drôle d'odeur,

Perfect: at a given moment, we noticed a strange smell

il y <u>avait</u> de la vapeur qui <u>sortait</u> du capot

Imperfect: to describe what was happening at that moment

Note: For the forms of the imperfect and the perfect, see Grammar reference, pp. 219–20.

239

Exercise 6

Gaby and Christiane's original travelogue was mostly in the present. Here's a version using the two past tenses – but which one should be used where? Select the form you think is correct.

Notre première destination **était / a été** Amélie-les-Bains. Nous **partions / sommes partis** de Poitiers le 25 août. Nous **passions / sommes passés** par Limoges, puis **descendions / avons**

descendu la N20 jusqu'au sud de Brive. Un peu avant Souillac, nous **décidions / avons décidé** de prendre l'autoroute, mais nous **regrettions / avons regretté** ce choix, car le trafic **était / a été** très dense. Après Cahors, nous **restions / sommes restés** sur la N20. La route **était / a été** bien aménagée et très fluide. Malgré les vacances, il n'y **avait / a eu** presque pas de circulation.

Le contournement de Toulouse par la rocade **se faisait / s'est fait** très aisément, puis nous **prenions / avons pris** la nationale 113 direction Narbonne. Même agréable surprise! Il n'y **avait / a eu** presque personne: tous les automobilistes **se faisaient / se sont fait** racketter sur l'autoroute!

Did you notice?

In Dialogue 1, did you notice the 'agreement' (i.e. an extra -e or -s) on some of the past participles? For example, **les vacances se sont bien passées** or **la voiture est tombée en panne** or **ils sont venus nous remorquer.** Can you explain why this happens?

Exercise 7

_239_

Below, Cécile recounts Sophie's story to another neighbour. Put the verbs in brackets into the perfect tense. Remember to use the right auxiliary and to make any agreements necessary.

Vous savez que Philippe et Sophie (rentrer) de vacances? Il paraît qu'ils (avoir) un tas de problèmes avec leur voiture. Apparemment la voiture (tomber) en panne en pleine montagne – un moteur en surchauffe paraît-il. Ils (téléphoner) à un dépanneur qui les (remorquer) jusqu'au village. Ils (devoir) laisser leur voiture là-bas, au garage et ils (revenir) avec une voiture de location. Ils (arriver) tard hier soir. J'(voir) Sophie ce matin . . . elle est épuisée, la pauvre.

Le mot juste   passer, se passer

The verb **passer** has many different meanings. It can be used both with a direct object (transitively) and without one (intransitively). It is also used reflexively. We've already seen its intransitive use:

Nous <u>sommes passés</u> par Limoges.
We **went** via Limoges.

But **passer** can also be used transitively with different meanings:

> **On voulait <u>passer</u> notre dernière journée à Lourdes.**
> We wanted **to spend** our last day in Lourdes.

> **Sophie <u>a passé</u> son permis de conduire Jeudi.**
> Sophie **took** her driving test on Thursday.

Note that 'to pass' an exam is **réussir** or **être reçu à un examen.**

The reflexive verb **se passer** means 'to happen, to take place' and, as we have seen in Dialogue 1, is used frequently in questions:

> **Qu'est-ce qui se passe?** *or* **Qu'est-ce qui s'est passé?**
> What's happening? What's happened? What happened?

> **Les vacances se sont bien passées?**
> Did your holiday go well?

As you will probably have noticed, when **passer** is used intransitively and reflexively, it is conjugated with **être** in the perfect tense. When it is used transitively, it takes **avoir.**

Text 2

The extract opposite is from a web site <http://www.321auto.com> which helps drivers diagnose common car problems before they become serious. Perhaps Sophie and Philippe should have consulted it!

Exercise 8

1 First familiarise yourself with some basic vocabulary by matching the following terms with their English equivalents:

a	le moteur	i	a noise
b	les freins	ii	oil
c	l'huile	iii	smoke
d	un bruit	iv	the engine
e	une fuite	v	a liquid
f	une fumée	vi	the brakes
g	un liquide	vii	a leak

2 There are English translations on p. 50 for the problems discussed. Read the text quickly and try to guess which paragraph refers to which problem. Do not worry about unknown vocabulary.

A
Problème Bruit du moteur
Question Est-ce que le bruit survient en conduisant à grande vitesse ou plutôt au ralenti?
Réponse A grande vitesse.
Diagnostic Bougies usées. Le problème est probablement lié aux bougies trop sollicitées à grande vitesse. Il faut que vous les remplaciez.

B
Problème Fuite d'un liquide
Question De quelle couleur est ce liquide?
Réponse Jaune-vert.
Diagnostic Fuite du liquide de refroidissement. Vérifiez que vous avez assez de liquide de refroidissement. Allez voir votre garagiste rapidement pour déterminer l'origine de la fuite et la colmater.

C
Problème Bruit au freinage
Question Quelle est la nature du bruit?
Réponse Grincement.
Diagnostic Les plaquettes/garnitures sont complètement usées. Il faut les remplacer au plus vite.

D
Problème Une fumée blanche sort du pot d'échappement
Question Tout le temps, même quand le moteur est chaud?
Réponse Oui, tout le temps.
Diagnostic Le problème est sans doute le joint de culasse qui fuit et laisse passer de l'eau. Si c'est le cas, vous devez le faire remplacer par votre garagiste.

a The coolant is leaking.
b The brake pads / linings are worn out.
c The cylinder head gasket is leaking.
d The spark plugs are worn out.

Language points ♦

Guessing words

One strategy for guessing words is to look at how the unknown word is made up. For example, if you know the adjective **froid** means 'cold', you should be able to guess that **re + froid + issement** has something to do with 'making cold again', so **liquide de refroidissement** is . . . and a verb **refroidir** would mean . . .?

Another strategy is to guess the meaning from words you can make sense of. For example, if you guess that **déterminer l'origine de la fuite** means 'to determine the origin of the leak', then ask yourself the question: *what would happen next?* Well, you'd have to **colmater** the leak . . . in other words, to 'seal' it.

Exercise 9

Try your hand at guessing some of the expressions in the text.

1 You know **lent** ('slow'), so what is **au ralenti**?
  (Clue: it's the opposite of **à grande vitesse**.)
2 **Une bougie** normally refers to a candle, so which of the following parts of a car might be called by the same name?
    (a) spark plugs (b) gears (c) headlights
3 If **freins** means 'brakes', what is un **bruit <u>au freinage</u>**?
4 So what kind of noise do you think **grincement** might be?
5 What then could the **garnitures / plaquettes** refer to?
  (Clue: look back at the English terms in Exercise 8.)
6 Both the **bougies** and the **garnitures / plaquettes** are **usées**. Does this mean: (a) second-hand (b) expensive (c) worn out?
7 **Échapper** is 'to escape', so what is <u>**le pot d'échappement**</u>?
  (Clue: it's the part of the car from which smoke in this case, and other gases, escape.)
8 You know **fuite** ('leak') so what is meant by **le joint de culasse <u>fuit</u>**. (Clue: the rest of that sentence spells it out.)
9 And finally . . . what's the translation of **le joint de culasse**?

Giving instructions

To give advice or instructions, you can use an imperative:

Vérifiez que vous avez assez de liquide de refroidissement.
Check that you've got enough coolant.

Alternatively, you can use the verb **devoir** + an infinitive.

Vous devez le <u>faire remplacer</u> par votre garagiste.
You should have it replaced by your local garage.

You can also use **il faut** followed by the infinitive:

<u>Il faut remplacer</u> les plaquettes au plus vite.
The brake pads / linings **need to be replaced** as soon as possible.

Il faut can only be used in the impersonal **il** form. When you use **il faut** + infinitive, you can only state that *it is necessary* to do something, not *who* should do it, although this may be implied.

However, you can use **il faut** and indicate *who* should do something if you follow it with **que** + the subjunctive form of the verb, rather than the infinitive:

Il faut que <u>vous</u> les rempla<u>ciez</u>.
You should replace them.

The subjunctive is sometimes considered 'difficult'. However, its forms are quite straightforward: with most verbs, the only difference from the present tense is the endings for the **nous** and **vous** forms (-**ions** and -**iez**). True, there are some irregular forms but you'll find the key ones listed in the Grammar reference (pp. 231–2). And while the subjunctive is always introduced by **que**, remembering which phrases + **que** trigger the subjunctive can be tricky. But there's a list to help you on pp. 222–3.

Exercise 10

Jeanne and Pascal have broken down. Pascal is full of suggestions. Complete the dialogue by changing the infinitives in brackets *where necessary* into the correct subjunctive form:

PASCAL   Jeanne, je crois qu'il faut (vérifier) la batterie.
JEANNE   Je l'ai déjà fait. Elle est complètement à plat.
PASCAL   Alors, il faut (laisser) la voiture ici.

JEANNE	Oui, je crois que c'est la seule solution.
PASCAL	Il faut qu'on (prendre) le bus . . .
JEANNE	Malheureusement il n'y a pas de bus.
PASCAL	Il faut que nous (rentrer) à pied alors!
JEANNE	Sois sérieux! C'est quand même 25 kilomètres!
PASCAL	Dans ce cas-là, il faut que nous (faire) de l'auto-stop!
JEANNE	Non, il faut que tu (aller) au café là-bas, que tu (téléphoner) à ton père, que tu lui (dire) de venir nous chercher!

Dialogue 2

Roger Gérard is on his way to Toulouse for work. He notices a leak from his car. Concerned, he drives to the nearest garage.

Exercise 11

Écoutez le dialogue et répondez aux questions suivantes:

1 Quels sont les 'symptômes' identifiés par Roger et le garagiste?
2 Quel est le diagnostic du garagiste?
3 S'agit-il d'un problème grave?
4 Que propose de faire le garagiste?
5 Pourquoi est-ce un problème pour Roger?
6 Qu'est-ce qui va se passer, à votre avis?

GARAGISTE	Monsieur?
ROGER	Bonjour, Monsieur. Voilà, j'ai un problème avec ma voiture, la Ford bleue. Je me suis garé pour aller déjeuner tout à l'heure et au retour, j'ai remarqué une fuite de liquide noir. Au démarrage, le voyant indiquant le niveau d'huile clignotait . . .
GARAGISTE	Vous avez vérifié le niveau d'huile?
ROGER	Euh non . . .
GARAGISTE	On va le faire tout de suite . . . si vous voulez bien ouvrir le capot . . . Alors, effectivement le niveau d'huile est très bas, et je crois qu'il y a une fuite au niveau du bloc moteur.

ROGER	C'est grave?
GARAGISTE	Pour l'instant, je ne saurai pas vous dire, mais en principe, oui. Voulez-vous mettre le moteur en marche ?
ROGER	Qu'est-ce qui ne va pas?
GARAGISTE	Ben, il y a une fumée blanche qui sort du pot d'échappement . . . Ça signifie peut-être un problème au niveau du joint de culasse. Vous pouvez nous laisser la voiture cet après-midi? Si c'est le joint de culasse qui est cassé, alors il faut le remplacer. Pour ça, il faut au moins une journée. Puis pour avoir des pièces de rechange Ford, ce n'est pas évident. Le concessionnaire Ford le plus proche est à Limoges.
ROGER	Oh là là . . . il faut que je sois à Toulouse ce soir. Ecoutez, je vais téléphoner d'abord à mon assureur, pour voir ce qu'ils me conseillent. Vous croyez que le problème c'est donc le joint de . . . quoi?
GARAGISTE	. . . le joint de culasse . . .
ROGER	Comment ça s'écrit?
GARAGISTE	C-U-L-A-deux S-E.
ROGER	Merci . . . Je reviens tout de suite.

Vocabulary ♦

se garer	to park
au démarrage	on starting up
démarrer	to start (a car)
clignoter	to flash, to blink
un clignotant	an indicator (on a car)
bas	low
le bloc moteur	the engine block
je ne saurai pas vous dire	I can't say / tell you
mettre en marche	to switch on
des pièces de rechange (f)	spare parts
ce n'est pas évident	it's not that easy
le concessionnaire	(car) dealer
mon assureur	my insurance company
je reviens tout de suite	I'll be back in a minute

Language points ♦

Explaining a problem with your car

You can start by stating the obvious:

J'ai un problème avec ma voiture.

If you have an idea of what's not working, use the verb **marcher** or the adjective **cassé** ('broken'):

Le chauffage ne marche pas.
Le moteur est cassé.

Alternatively, you can try to describe the symptoms:

J'ai remarqué	une fumée blanche	au démarrage
	une odeur d'huile	au ralenti
Il y a	un bruit bizarre	à grande vitesse
	une fuite de liquide	au niveau des freins

Or you can refer to a range of specific problems:

La voiture	ne démarre pas bien	isn't starting properly
The car	tire d'un côté	pulls to one side
Le moteur	cale	is stalling
The engine	fait beaucoup de bruit	is making a lot of noise
Un voyant	s'est allumé	has come on
A warning-light	clignote	is flashing
La batterie	est à plat	is flat
The battery		
Un pneu	est crevé	has a puncture
A tyre	est sous-gonflé	is under-inflated

And to ask someone what they think is wrong:

Qu'est-ce qui ne va pas?
What's wrong?

C'est grave?
Is it serious?

Exercise 12 🔊

R 40

Complete the following dialogue from the cues in English:

VOUS	Bonjour . . .
GARAGISTE	Bonjour Monsieur. Je peux vous aider?
VOUS	*Explain that you've noticed that your brakes are making a strange noise.*
GARAGISTE	Quel genre de bruit?
VOUS	*A screeching.*
GARAGISTE	Et c'est quand vous freinez brusquement, ou tout le temps?
VOUS	*All the time – even when going slowly.*
GARAGISTE	Quand est-ce que vous avez fait changer le liquide de frein?
VOUS	*Say you don't know.*
GARAGISTE	On va vérifier ça . . . aie, aie, aie!
VOUS	*Ask what's wrong. Is it serious?*
GARAGISTE	Le niveau du liquide de frein est très bas. Il faut que vous alliez voir votre garagiste le plus tôt possible. Il y a certainement une fuite quelque part.
VOUS	*Say you didn't understand. Ask him politely to repeat.*

Bilan

240

1 As in the example, complete the sentences with instructions using **il faut, il faut que** or **devoir** followed by one of the verb phrases from the box. Change the verb form if necessary.

    a Avant de démarrer, **il faut que vous attachiez la ceinture.**
    b Il commence à faire nuit: . . .
    c Votre essuie-glace ne marche pas: . . .
    d Votre voiture tire d'un côté: . . .
    e Les bougies sont usées: . . .
    f Une fois que vous avez déterminé l'origine d'une fuite . . .

~~attacher la ceinture~~ – allumer vos phares – les remplacer – vérifier la pression des pneus – la colmater – le remplacer

---

2   Translate the following questions using **passer** or **se passer**.
    a   What happened?
    b   Did you have a good weekend?
    c   When did you take your exam? Did it go well?

3   Insert **le, la** or **les** in the second part of the sentence to refer back
    to the noun mentioned in the first part.
    a   La voiture? Je vais garer là-bas.
    b   Le moteur . . . Voulez-vous mettre en marche?
    c   Les pièces de rechange . . . Il faut aller chercher à Limoges.
    d   La carte de France? Je cherche depuis une demi-heure.
    f   Les pneus? Je vais vérifier au prochain garage.

4   Retell Sophie's story from these notes, using past tenses:

Philippe et Sophie – vouloir aller à Lourdes – En cours de route,
Sophie – remarquer – un voyant – s'allumer – ne pas y faire
attention. Puis – sentir – une drôle d'odeur – continuer au sommet
– s'arrêter – de la vapeur – sortir du capot – le moteur –
surchauffe – Sophie – avoir – portable – téléphoner – au garage.
Le garagiste – venir – les remorquer – la voiture – rester – Eaux-
Bonnes

4 Rendez-vous d'affaires

In this unit you can learn about:

▶ writing business letters
▶ making business telephone calls
▶ meeting and greeting business colleagues
▶ using the verbs **pouvoir** and **vouloir** in polite requests and offers
▶ using the indirect object pronouns **lui** and **leur**

Text 1

Jane Saunders works as an editor with a European publisher. Her latest project is a multimedia encyclopedia. A French company, Médiapro, is to produce it. Text 1 is the letter from the sales manager of Médiapro enclosing an estimate of production costs.

Exercise 1

241

Before you read, see if you can guess the meaning of some of the key French expressions:

1 un devis   a the specification
2 la réalisation   b an estimate
3 excuser ce retard   c any further information
4 ci-joint   d to excuse this delay
5 le cahier des charges   e the production
6 me faire savoir   f sales and marketing manager
7 notre proposition   g our proposal
8 tout renseignement   h enclosed
   complémentaire
9 directeur commercial   i to let me know

Exercise 2

Lisez la lettre. Répondez aux questions suivantes:

1 Qu'avait demandé Jane dans sa lettre du 20 mars?
2 Quand est-ce que le cahier des charges a été établi?
3 Jane et Guy Rochet se sont-ils déjà rencontrés?
4 Que doit faire Jane maintenant?

Médiapro Communication

Tour Lutèce
25 rue de Bercy
75011 Paris

Madame Jane SAUNDERS
Educor
314 Euston Road
London NW1 4SJ
Grande Bretagne   Paris, le 10 avril, 2003

Chère Madame,

Je réponds enfin à votre lettre du 20 mars dans laquelle vous nous demandez un devis pour la réalisation de votre encyclopédie multimédia. Je vous prie d'excuser ce retard.

Veuillez trouver ci-joint le devis détaillé que m'a fait parvenir notre service technique. Ce devis est basé sur le cahier des charges que nous avons établi avec vous lors de notre réunion à Londres au mois de mars.

Je vous serais très reconnaissant de bien vouloir me faire savoir dans les meilleurs délais si vous acceptez en principe notre proposition.

Je reste à votre disposition pour tout renseignement complémentaire et vous prie d'accepter, chère Madame, mes sincères salutations.

Guy Rochet

Guy Rochet
Directeur commercial

Exercise 3

Find the equivalent expressions to:

1 Please accept my apologies for this delay.
2 Please find enclosed the detailed estimate.
3 I would be most grateful if you would let me know
4 at your earliest convenience
5 Please do not hesitate to contact me should you require further information.

Language points ◆

Formal letters: openings and closings

Guy Rochet has already met Jane, so the salutation in his letter is **Chère Madame**, the equivalent of 'Dear Ms. Saunders'. Even if you don't know your correspondent personally, you can use **Cher Monsieur, Chère Madame** if you want a polite, but personal, tone. Note that surnames are *never* used in this context.

If you don't know the person you are writing to, and you want a polite, but neutral, tone, you can use:

Madame	Monsieur	Messieurs
Dear Madam	Dear Sir	Dear Sirs

Closing formulas are far more varied and often seem rather complicated. However, most are built around three elements, as shown in the table below.

Element 1		Element 2	Element 3
Recevez Je vous adresse			mes salutations distinguées mes sentiments distingués mes salutations
Veuillez Je vous prie de	agréer accepter recevoir croire*	(cher) Monsieur (chère) Madame	l'expression de l'assurance de (à*) l'expression de (à*) l'assurance de	les meilleures mes sentiments les meilleurs mes sincères salutations

*Note that if **croire** is used, then **à** or **en** must be added before element 3.

Element 1 'Please accept'
This can be expressed briefly and directly by **Recevez** or **Je vous adresse / Nous vous adressons.** Slightly more elaborate and traditional is **Veuillez** or **Je vous prie de / Nous vous prions de,** followed by **agréer / accepter / recevoir / croire.**

Element 2 'Dear Sir / Madam'
Here, the opening salutation is repeated.

Element 3 'My greetings' / 'My best wishes'
The typical expressions are **salutations** or **sentiments,** followed by the adjective **distingué(e)s.** To add a touch more formality, these may be introduced by **l'expression de** or **l'assurance de.** These phrases may be dropped where the tone is less explicitly formal, for example in Guy Rochet's letter. So here are some of the possibilities:

Recevez, Madame, nos salutations distinguées
(Minimally polite, but impersonal and business-like)

Veuillez agréer, Monsieur, l'expression de mes salutations distinguées
(Standard phrase, polite, but impersonal)

Je vous adresse, cher Monsieur, mes sincères salutations
(Polite, fairly direct and personal)

Je vous prie de croire, chère Madame, à l'expression de mes sentiments distingués
(Standard phrase: polite, personal and respectful)

Formal letters   Please

In French, three phrases for expressing polite requests seem to be reserved for formal contexts. All three are followed by a verb in the infinitive. The first two can be translated as 'Please' + verb.

Veuillez trouver ci-joint le devis détaillé.
Please find enclosed the detailed estimate.

Je vous prie d'excuser ce retard.
Please forgive this delay (*lit.*, I beg you to).

Je vous serais très reconnaissant de bien vouloir me faire savoir si vous acceptez en principe notre proposition.
I would be most grateful if you would let me know whether you agree in principle to our proposal.

But not all English phrases using 'Please' + verb will be expressed using **Veuillez** or **Je vous prie de**. For example, at the end of his letter, Guy adds a standard phrase which translates as 'Please do not hesitate to contact me should you require further information':

Je reste à votre disposition pour tout renseignement complémentaire.

Just as the literal English translation – 'I remain at your disposal for any further information' – is simply not what we would write nowadays, so the phrase **Veuillez ne pas hésiter à me contacter si vous avez besoin de renseignements complémentaires** is just not used! Use any letters you receive in French to check conventional phrases. Many dictionaries nowadays also provide sample letters for you to see conventional phrases in context.

Exercise 4

Using key phrases from Guy's letter and the Language points section above, translate the following:

Dear Sir

I would be most grateful if you would send me an application form (**un dossier d'inscription**) for your intermediate level French course.

Yours faithfully

Dear Mr Gérard

Please find enclosed our brochure *Holiday Cottages in Wales*.

Please do not hesitate to contact me, should you require further information.

Yours sincerely

Text 2

Jane replied to Guy Rochet's letter immediately by e-mail. You can read their e-mail exchange below.

Exercise 5

Lisez les méls ('e-mails') et vérifiez les affirmations suivantes. Corrigez celles qui sont fausses:

1 Jane n'accepte pas le devis de Médiapro.
2 Jane ira à Paris lundi.
3 Guy Rochet ne pourra pas la voir à 14 heures.
4 Annette Lenoir assistera à la réunion lundi.
5 Jane doit prendre le bus pour arriver aux bureaux de Médiapro.

Vocabulary ♦

en principe	in principle
l'infographie	the computer graphics
faire le point	to finalise things, take stock
Charles-de-Gaulle	the main Paris airport
se joindra à nous	will join us
conseiller	to advise
le RER (**réseau express régional**)	the Parisian high speed underground

---

To	**Guy Rochet**
From	**Jane Saunders**
Date	**13/4/04**
Subject	**Devis multimédia**

Merci pour votre lettre du 10 avril. Votre devis nous convient en principe, mais il y a quelques points concernant l'infographie que j'aimerais bien revoir avec vous.

Je serai à Paris au début de la semaine prochaine – serait-il possible de vous voir lundi pour faire le point? J'arrive à Charles-de-Gaulle à 12h30. Je pourrais être à Bercy à partir de 14h00.

Cordialement
Jane Saunders

De	Guy Rochet
A	Jane Saunders
Date	13/4/04
Objet	Re: Devis multimédia

D'accord pour lundi 14h00. Annette Lenoir, notre responsable production, se joindra à nous pour vous conseiller sur les aspects techniques de votre logiciel et pour vous montrer le prototype réalisé par son équipe.

Pour venir de l'aéroport, prenez le RER. Nous sommes à quelques minutes de la station RER Bercy – au 4ème étage de la Tour Lutèce, 25 rue de Bercy.

Au plaisir de vous revoir.

Bien cordialement
Guy Rochet

Photo: Paul Slater.

Language points ♦

Relaxed style in e-mails

As you may have noticed, the style of business e-mails tends to be more direct and more personal than that of business letters.

Opening salutations are frequently dispensed with, or **Bonjour!** may be used. Typical closing phrases are also informal:

- **Cordialement** seems to be the standard expression
- **Amitiés** is also used to express friendly working relations

E-mails are typically more concise than letters. Elements are often dropped or shorter constructions are used:

Formal letter	E-mail
Je vous remercie de votre lettre	**Merci de** votre lettre
C'est avec plaisir que je vous verrai lundi à 14 heures	**D'accord pour** lundi à 14h
Nous avons bien reçu votre lettre	**Bien reçu** votre lettre
Je vous serais très reconnaissant de bien vouloir me faire parvenir votre catalogue	**Pourriez-vous** m'envoyer votre catalogue **Merci de** m'envoyer votre catalogue

Exercise 6

The box opposite gives a further example of the elliptical e-mail style. Frédéric is replying to a work colleague's invitation to take part in a conference (**un colloque**). How would you translate it? **Le plan des interventions** means 'the order of speakers'.

De	Frédéric Maurois
A	Simone Duchet
Objet	Colloque
Date	2 février 2003

Bien reçu l'invitation pour le colloque. D'accord pour ma participation le samedi de 14h30 à 15h00. Pourriez-vous me communiquer le plan des interventions?

Bien cordialement

Dialogue 1)⑨

It's Monday morning and Jane's flight to Paris has been delayed. She phones Guy Rochet to let him know ...

Exercise 7

Before you listen, rearrange the jumbled words to make sentences from the dialogue. The first word of each sentence is in bold. Then check your answers with the dialogue.

1 Je / parler / voudrais / à / M. Rochet / s'il vous plaît
2 J' / avec / rendez-vous / ai / à / M. Rochet / quatorze heures
3 Mon / été / d' / avion / retardé / une / heure / a
4 Je / serai / vous / que / quinze / vers / heures / ne / chez
5 Je / désolée / Madame, / est / M. Rochet / en / suis / réunion
6 Je / transmettrai / lui / message / le

STANDARD	Médiapro, bonjour.
JANE	Je voudrais parler à Monsieur Rochet, s'il vous plaît.
STANDARD	Ne quittez pas, Madame. Je vous passe son service.
SECRÉTAIRE	Service de commercialisation, bonjour.
JANE	Est-ce que je pourrais parler à Guy Rochet, s'il vous plaît. C'est de la part de Madame Saunders.

SECRÉTAIRE	Pardon, vous pourriez répéter s'il vous plaît?
JANE	Madame Saunders – S-A-U-N-D-E-R-S.
SECRÉTAIRE	Merci. Je suis désolée Madame, Monsieur Rochet est en réunion actuellement. Je peux peut-être vous aider?
JANE	Oui . . . J'ai rendez-vous avec Monsieur Rochet à 14 heures.
SECRÉTAIRE	Oui, oui . . . je vois que c'est noté . . .
JANE	Je vous téléphone justement parce que mon avion a été retardé d'une heure. J'arriverai donc à Charles-de-Gaulle vers 13 heures 30. Le temps de prendre le RER, je ne serai chez vous que vers 15 heures. J'espère que Monsieur Rochet pourra me voir à ce moment-là?
SECRÉTAIRE	Un petit instant s'il vous plaît, Madame. Je vais vérifier sur son agenda . . . Non, je ne vois pas d'autre rendez-vous noté. Donc, pas de problème, je lui transmettrai le message et on vous attendra vers 15 heures . . .
JANE	Merci beaucoup . . . Tenez, je vais quand même vous donner le numéro de mon portable au cas où il voudrait me rappeler.
SECRÉTAIRE	D'accord.
JANE	Alors, c'est le 0779 988525
SECRÉTAIRE	Donc c'est le 0779 988525. Voilà, c'est noté.
JANE	Merci beaucoup. Au revoir.

Vocabulary ♦

retardé	delayed
un retard*	a delay
le temps de prendre le RER	by the time I've taken the RER
vérifier	to check
un agenda	a diary
mon portable	my mobile (phone)

(*not in text)

Exercise 8

La secrétaire a laissé un message pour Guy Rochet, mais lequel?
Expliquez votre choix en français.

A

> **Message pour**
> *Guy Rochet*
> **Date** *25/4* **Heure** *17h20*
> *En raison d'une grève, Mme
> Saunders a dû annuler son
> rendez-vous de 14h. Veuillez
> la contacter au 0779 988525*
>
> **Reçu par** *Monique*

B

> **Message pour**
> *Guy Rochet*
> **Date** *25/4* **Heure** *12h15*
> *Mme Saunders a téléphoné.
> Son avion est retardé. Elle
> arrivera vers 15 heures. Vous
> pouvez la contacter au 0779
> 988525*
>
> **Reçu par** *Monique*

Language points ♦

Making business calls

To get through:

> Je voudrais parler à M. Rochet, s'il vous plaît.
> Est-ce que je pourrais parler à M. Rochet?

To ask who's calling:

> C'est de la part de qui?

To say who you are:

> C'est de la part de Madame Saunders, de la société Educor.

To transfer a call:

> Ne quittez pas / Un petit instant s'il vous plaît.
> Just a moment.
>
> Je vous passe . . .
> I'll put you through to . . . / I'll pass you on to . . .

To explain that somebody is not there:

Je suis désolé, M. Rochet n'est pas là pour l'instant.
I'm sorry, M. Rochet isn't here for the moment.

To offer help:

Je peux vous aider? Je peux prendre un message?
Can I help you? Can I take a message?

To ask when somebody will be back:

Quand est-ce qu'il / elle sera de retour?

The verb to call back is **rappeler**.

Voulez-vous qu'il / elle vous rappelle?
Would you like him to call you back?

Je vais rappeler plus tard.
I'll call back later.

If you're leaving your name and number:

Je vais vous donner mes coordonnés (my details).

If you're taking the message, then you can say at the end:

Merci beaucoup, Monsieur / Madame. C'est noté.
Thank you. I've got that down.

Je lui transmettrai le message.
I'll pass on the message.

Exercise 9

You urgently need to contact a colleague, Jacques Le Guillou, today.
Complete the gaps, using the phrases reviewed above.

STANDARD	Société Finotech, bonjour.
VOUS	_____
STANDARD	Ne quittez pas . . .
ASSOCIÉ	Allô, service des relations publiques . . .
VOUS	_____
ASSOCIÉ	Je suis désolé, mais Monsieur Le Guillou n'est pas là pour l'instant.
VOUS	_____

ASSOCIÉ	Il doit revenir bientôt. Voulez-vous qu'il vous rappelle?
VOUS	_____
ASSOCIÉ	D'accord. Je vais noter vos coordonnées . . . vous êtes donc . . .?
VOUS	_____
ASSOCIÉ	D'accord. C'est noté. Je lui transmettrai le message. Il vous rappellera sans doute cet après-midi.
VOUS	_____

Dialogue 2))𝄐

Jane finally makes it to the Médiapro offices . . .

HÔTESSE	Bonjour Madame.
JANE	Bonjour. J'ai rendez-vous avec Monsieur Guy Rochet.
HÔTESSE	D'accord . . . et vous êtes . . .?
JANE	Madame Saunders, de la société Educor.
HÔTESSE	Merci . . . si vous voulez bien vous asseoir un petit instant, je lui dirai que vous êtes là . . .
JANE	Merci.
GUY	Madame Saunders? Soyez la bienvenue à Paris!
JANE	Merci Monsieur . . . Ça me fait plaisir de vous revoir.
GUY	Désolé que vous ayez eu des problèmes de transport . . .
JANE	Merci de me recevoir quand même . . .
GUY	Mais c'est normal . . . vous repartez ce soir?
JANE	Euh non, j'ai un rendez-vous à Paris demain matin, puis je pars pour Lille demain après-midi . . .
GUY	Vous venez souvent en France?
JANE	Oui, relativement souvent. Nous avons pas mal de contacts avec les maisons d'édition françaises, puisque nous travaillons maintenant au niveau européen . . .
GUY	Bien sûr. Passez, je vous en prie . . . voilà . . . alors je vous présente Annette Lenoir, notre responsable technique, qui gèrera la réalisation de votre projet.
JANE	Bonjour Madame.
ANNETTE	Enchantée . . .
GUY	Vous voulez un petit café, ou une boisson fraîche?
JANE	Je voudrais bien un café, merci.

GUY   Et vous prenez du lait? Du sucre aussi?

JANE   Non merci. Seulement un peu de lait. Merci beaucoup.

Vocabulary ♦

recevoir	to receive (*here in the sense of* see me)
c'est normal	but of course (it goes without saying)
les maisons d'édition	publishers
au niveau européen	at the European level, with Europe
un niveau*	a level
gérer	to manage
la gestion*	management
enchanté	pleased to meet you (*lit.* delighted)

(*not in text)

Exercise 10

Without looking back at the dialogue, try to match the two parts of these key phrases. Then check back with the text.

1	J'ai rendez-vous avec	a	un petit café?
2	Si vous voulez bien	b	me recevoir quand même.
3	Je lui dirai que	c	au niveau européen.
4	Merci de	d	Annette Lenoir.
5	Nous travaillons maintenant	e	vous asseoir . . .
6	Je vous présente	f	vous êtes là.
7	Voulez-vous	g	Monsieur Rochet.

Language points ♦

The verbs pouvoir and vouloir

These two verbs are essential for polite communication, in particular to help you make polite offers and requests. For offers, the present tense is generally used. For requests, the conditional form is used: it's a little more tentative and therefore more polite.

An offer can of course be made more tentative by using the conditional – Je <u>pourrais</u> peut-être vous aider? 'Perhaps I could help you?' – just as a request can be made more direct by switching to the present: Je <u>veux</u> voir M. Rochet. 'I want to see M. Rochet'.

The conditional form is made up of the future stem and imperfect endings: so **pourr** or **voudr** + **ais, ait, ions, iez** or **aient.**

Note: For the forms of the conditional, see Grammar reference, p. 219.

Pouvoir

Offers **Je peux vous aider?**
Can I help you ?

Requests **Est-ce que je pourrais parler à M. Rochet s'il vous plaît?**
Could I speak to Mr Rochet, please?

Vous pourriez répéter s'il vous plaît?
Could you repeat that please?

Vouloir

Offers **Si vous voulez bien vous asseoir**
If you would you like to sit down

Vous voulez un café, une boisson fraîche?
Would you like a coffee or a cold drink?

Est-ce que vous voulez laisser un message?
Would you like to leave a message?

Voulez-vous qu'il vous rappelle?
Would you like him to call you back?

Requests **Je voudrais parler à M. Rochet, s'il vous plaît.**
I would like to speak to M. Rochet, please.

Exercise 11

What would you say in the following situations? Use a form of **vouloir** or **pouvoir** in your request or offer:

1 You want to leave a message for Annette Lenoir.
2 Your French guest arrives. You invite him to sit down and offer him a drink.
3 You telephone a French hotel to ask them to send you a map of the town (**un plan**).

4 A French traveller is having problems understanding a ticket clerk at your local station. You offer to help.
5 In a restaurant, you ask for the bill (**l'addition**).

Indirect object pronouns lui and leur

In Unit 1, we looked briefly at the object pronouns **nous** and **vous**. In Unit 3, we highlighted the direct object pronouns le, la and les. You've probably noticed another object pronoun in this unit: **lui**.

> **M. Rochet est en réunion. Je lui transmettrai le message.**
> Mr Rochet is in a meeting. I'll pass the message on **to him**.

> **J'ai rendez-vous avec M. Rochet ... Je lui dirai que vous êtes là.**
> I've got an appointment with M. Rochet. I'll tell **him** that you're here.

Lui here refers back to M. Rochet, grammatically a 'masculine singular object'. So why not use le? Because you're referring to à M. Rochet – an 'indirect', not a 'direct', object. The verbs **dire** and **transmettre** both take an indirect object, preceded by **à**:

dire	quelquechose	à quelqu'un
tell	something	to someone
	direct object	*indirect object*

The pronoun **lui** can replace either a masculine or a feminine singular indirect object, so 'I'll tell **her** that you're here' is also **Je lui dirai que vous êtes là**. The pronoun for a plural indirect object is leur: **Je leur dirai que vous êtes là** – 'I'll tell **them** you're here'.

Le mot juste to meet and meeting

rendez-vous = appointment

avoir (un) rendez-vous (avec)	to have an appointment with
prendre rendez-vous	to make an appointment
donner rendez-vous (à)	to arrange to meet
se donner rendez-vous	to arrange to meet up

réunion = a meeting, a reunion

être en réunion	to be in a meeting
assister à une réunion	to attend a meeting

French does not distinguish between a 'reunion' and a 'meeting', e.g. for business. The same word – **réunion** – is used for both.

A range of French verbs correspond to the English 'meet':

rencontrer = 'to meet (by chance)'
J'ai rencontré un ancien collègue dans le train.
I met an old colleague in the train.

se retrouver = 'to meet (up) by arrangement'
On se retrouve à quelle heure?
What time shall we meet up?

se revoir = 'to meet (up) again'
J'espère qu'on pourra se revoir bientôt.
I hope we can meet up again soon.

chercher = 'to meet (pick up)'
Je viendrai te chercher à l'aéroport.
I'll come and meet you at the airport.

Exercise 12

Using the previous section to help you, fill in the blanks:

1 Je ne peux pas assister à la _____ demain. J'ai un _____ chez le dentiste.
2 J'ai _____ mon ancien petit ami à la _____ syndicale.
3 Tu sors avec nous ce soir? On se _____ à 20 heures au club?
   Ou si tu préfères, je peux venir te _____ à la gare?
4 On va au cinéma jeudi soir? Où est-ce qu'on se donne _____ ?

Bilan

1 A group of French colleagues have just arrived at your company. Your French opposite number says to you 'Je vous présente notre directeur des ressources humaines, Madame Veil'. What do you say? What question(s) could you ask to make polite conversation?

2 You phone a French colleague to set up a meeting – you have in mind next Tuesday. What do you say?

3 Write a short e-mail to a French hotel requesting written confirmation of a booking you made yesterday by telephone.

4 You take a telephone call in French. The female caller wants to speak to your colleague, Ms. Simpson. Explain she is in a meeting and ask the caller if he wishes her to call back.

5 Replace the elements underlined with **lui** or **leur**. (Don't forget to put the indirect object pronouns in the correct position – before the verb.)
   a Je dirai à Madame Faure que vous êtes là.
   b Je téléphonerai tout de suite à nos fournisseurs.
   c Je transmettrai le message à Monsieur Rey.
   d Je vais écrire à Monsieur et Madame Martin cet après-midi.

6 Complete the following dialogue in French based on the English cues in italics:

   – Bonjour Madame. *I've got a meeting with Madame Smets.*
   – D'accord. *If you'd like to sit down, I'll tell her that you're here.*
     . . .
   – Bonjour Monsieur. *How nice to see you again. Did you have a good trip?*
   – Pas mal. *My plane was delayed by half an hour*, mais le RER est très rapide et j'ai trouvé vos bureaux sans difficulté.
   – Parfait. *If you'd like to follow me* . . . Voilà. *Do give me your coat. Would you like some coffee?*
   – *Yes, please. Thank you.*
   – *Do you take milk?*
   – *No thanks.*

5 Travail / loisirs

In this unit you can learn about:

- changing working patterns in France
- describing work and leisure activities
- comparing past and present
- job adverts and CVs
- describing your career in a job interview

Le saviez-vous? ◆

'Le boulot: 8 heures–midi, 14 heures–18 heures, onze mois par an, le weekend à la maison et le mois d'août à la mer': this traditional picture of French working life has changed considerably over the last two decades. Unemployment (le chômage) has been a problem in France and, as in other European countries, work is increasingly part-time (à temps partiel, à mi-temps), temporary (des emplois intérimaires) or on fixed-term contracts (des contrats à durée déterminée or CDD).

In an effort to combat unemployment, la loi Aubry (named after the then Minister of Employment, Martine Aubry) was introduced in 1998, cutting the statutory working week from thirty-nine to thirty-five hours and introducing l'annualisation, the calculation of working hours on an annual basis. It was hoped this would encourage flexible working hours (des horaires à la carte) and shorter holiday periods taken throughout the year (des vacances éclatées).

However, la loi Aubry was unpopular among employers (le patronat), particularly because of the limits it placed on overtime (les heures supplémentaires), and it did not lead to the promised reduction in unemployment. Some of its measures have now been repealed, but as the article on p. 76 from Le Nouvel Observateur suggests, many employees (les salariés) welcomed la RTT (la réduction du temps de travail) and the opportunities offered for increased leisure.

Text 1 ((•)) _Track 18_

La révolution des 35 heures

Le boulot: 8 heures–midi, 14 heures–18 heures, onze mois par an, le weekend à la maison et le mois d'août à la mer, c'est fini! Avec les 35 heures, les Français apprennent à jongler avec des semaines aux horaires irréguliers, des journées à la carte et des vacances éclatées.

Roland, 31 ans, est un fou de bricolage. Contrôleur en métrologie dans une usine des Deux-Sèvres,* il restaure une vieille ferme achetée il y a deux ans. Il y passe du temps, beaucoup de temps. En septembre 1999, son entreprise, qui compte 38 salariés, est passée aux 35 heures. Les horaires ont été annualisés. Résultat: Roland peut faire des semaines de 42 heures mais se reposer, aussi, plusieurs semaines d'affilée, quand les carnets de commandes sont vides. « Je travaille dans ma ferme. J'adore ça, explique-t-il. Mais je passe également plus de temps avec mes amis, ma famille. Nous partons pour de plus longs week-ends. Attendre les vacances pour prendre du repos? Je crois que je ne pourrais plus! »

Dominique, elle, est cadre dans une chaîne de télévision privée. Cette jeune femme de 38 ans jubile. « Grâce à la réduction du temps de travail, je prends trois semaines l'été, toutes les vacances scolaires et, une semaine sur deux, je travaille quatre jours! Qu'est-ce que je fais de tout ce temps? Je m'occupe de mes trois enfants.» Et quand on lui demande si elle accepterait de revenir en arrière, elle répond, sans hésiter: « Difficile, très difficile! »

Écoutez, enfin, Cendrine, 36 ans, deux enfants, caissière à temps partiel chez Carrefour:** « Avant, on travaillait n'importe quand. Aujourd'hui nous gérons nous-mêmes nos horaires. Avant je courais tout le temps. J'ai choisi de travailler vingt-deux heures. D'accord, je peux le faire parce que mon mari a un bon salaire. Mais je m'occupe beaucoup plus des enfants. Avant, ils déjeunaient tous les jours à la cantine. Maintenant, ils n'y vont qu'une fois par semaine, et encore! Je fais à nouveau du sport. Et comme j'aime bricoler, je restaure des meubles à la maison. »

Tous les sondages le prouvent. Les salariés qui bénéficient de la réduction du temps de travail sont heureux. 70% jugent que les 35 heures sont « plutôt positives » pour leur qualité de vie.

Source: © Le Nouvel Observateur, mai 2001.
*Deux-Sèvres = un département dans la région du Poitou-Charentes. **Carrefour = une chaîne d'hypermarchés.

Photo: Paul Slater.

Vocabulary ◆

le boulot (informal)	work
jongler	to juggle
les horaires (m)	working hours
le bricolage	DIY
bricoler (v), **bricoleur** (m)*	to do DIY, a DIY enthusiast
un contrôleur en métrologie	a weights and measures inspecteor
plusieurs semaines d'affilée	several weeks in a row
les carnets de commandes	the order books
un(e) cadre	an executive, a professional
une chaîne de télévision	a TV company / channel
jubiler	to be jubilant, to rejoice
n'importe quand	any old time
gérer	to manage
la gestion*	management
un salaire	a wage, salary
un sondage	a survey
bénéficier de	to have the advantage of

(*not in text)

Exercise 1 (243)

1 This article focuses on three people who have changed their working hours, but how exactly? As you read, fill in the grid.

Name + Job	Working hours	How they use their spare time
Roland contrôleur en métrologie		• • • part en weekend
Dominique		• s'occupe de ses enfants
Céline	22 hrs par semaine	• • restaure des meubles

2 From this extract, what seem to be the three main things that people do with their extra time?

3 What figures are cited to support the idea that 'les 35 heures' is being received positively?

Exercise 2 243

Below, different people describe how they work. Fill in the blanks with the appropriate word from the box:

A Je _____ (1) à plein _____ (2), c'est-à-dire du lundi au vendredi, de neuf heures à cinq heures et demie, avec une heure à midi pour le _____ (3). Je fais 37,5 heures par _____ (4). Je _____ (5) deux semaines de _____ (6) en été, et une semaine en hiver.

B Je n'ai pas d' _____ (7) fixe. Je _____ (8) moi-même mes heures de travail. Je dois justifier de 1 600 heures au total par _____ (9). Quelquefois je _____ (10) des semaines de 45 heures, puis je peux _____ (11) plusieurs semaines _____ (12).

C Je travaille à temps _____ (13). Je ne fais que 26 heures par semaine, c'est-à-dire trois _____ (14). J'ai la chance d'avoir un bon _____ (15), ce qui m'a permis de _____ (16) mes heures de _____ (17). Je ne travaille pas pendant les vacances _____ (18).

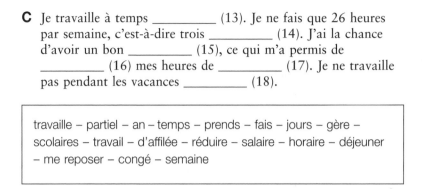

travaille – partiel – an – temps – prends – fais – jours – gère – scolaires – travail – d'affilée – réduire – salaire – horaire – déjeuner – me reposer – congé – semaine

Language points ✦

Talking about your leisure activities

To talk about how you spend time, you can use **passer du temps à** + an activity or **avec** + people.

> **Je passe beaucoup de temps avec   mes amis**
> **   à   ranger la maison**

You can use **s'occuper de** to refer to people or things you look after:

> **Je m'occupe   de mes enfants**
> **   du jardin, de la maison**

The verbs **aller, sortir** and **jouer** are useful for talking about activities:

> **Je vais au cinéma, au théâtre, à la gym**
> **Je sors avec mes amis**
> **Je joue au football, du piano** (à + sport, de + instrument)

And you might even want to use the verb **travailler**!

> **Roland travaille dans sa ferme.**
> Roland works on his farm.

> **Cécile travaille comme bénévole dans un centre aéré.**
> Cécile works as a volunteer in an outdoor activity centre.

Then, of course, there are all the expressions with **faire**:

Je fais	du bricolage	I do DIY
	de la danse	I go dancing
	du football	I play football
	de la gym	I do 'keep fit'
	du jardinage	I do gardening
	de la natation	I go swimming
	de la photo	I do photography
	de la poterie	I do pottery
	de la randonnée	I go walking
	du sport	I do sport
	du tennis	I play tennis
	de la voile	I go sailing

Exercise 3

Write a short account in French of how you spend your time (working or otherwise).

Comparing past and present

Cendrine uses the **imperfect tense** to contrast how her life *used* to be before the '35 heures' and how things are now:

Avant, on **travaill**ait n'importe quand. Aujourd'hui nous gérons nous-mêmes nos horaires. *Avant* je **courais** tout le temps … *Avant*, ils [mes enfants] **déjeun**aient tous les jours à la cantine. Maintenant, ils n'y vont qu'une fois par semaine.

Note: for the forms of the imperfect, see Grammar reference, page 219.

Exercise 4

Put the verbs in brackets into the correct tense.

1 Aujourd'hui, je ne (travailler) que trois jours par semaines. Avant, je (travailler) tous les jours, même le dimanche.
2 Avant, je (faire) beaucoup de sport, j'(aller) à la piscine et je (jouer) au tennis. Maintenant, je n'(avoir) plus le temps.

3 Avant, je (passer) tout mon temps à faire le ménage. Aujourd'hui,
   j'(avoir) plus de temps pour moi.
4 Aujourd'hui je (être) cadre; il y a dix ans, mon travail (consister)
   essentiellement à taper des lettres et des rapports.

Did you notice?

The word **plus** can have two rather different meanings:

Je passe également plus de temps avec mes amis.
I also spend **more** time with my friends.

Je crois que je ne pourrais plus.
I don't think I could do that **any more**.

In the first case, **plus** is used for comparison (see Unit 7, p. 120). In
the second, it is used after **ne** instead of **pas** to express the idea of
'any', 'no more', 'longer' (see Grammar reference p. 224).

Le saviez-vous? ♦

The **baccalauréat** is the main school-leaving examination in France
taken at eighteen years of age. There are different baccalauréats,
including the more vocational **bac professionnel** and the **bacs tech-
nologiques**. Subsequent qualifications are defined by the number of
years' post-baccalauréat study, so qualifications may be referred to
as **bac + 2, bac + 3,** etc.

Post-compulsory education in France is provided first by the
universities (**les universités**). At **bac + 2**, students can take a **DEUG**
(**diplôme d'études universitaires générales**), then **une licence** at **bac +
3** and **une maîtrise** at **bac + 4**. The newer **Instituts universitaires tech-
nologiques** (**IUT**), along with some **lycées professionnels** and private
colleges, provide more vocational training programmes, typically at
bac + 2. These programmes lead to qualifications such as the **DUT**
– **Diplôme universitaire de technologie** – or the **BTS** – **Brevet de tech-
nicien supérieur**.

To train top-ranking professionals for all sectors of the economy,
France has its **grandes écoles**. These are relatively small, independent
and highly selective institutions. Their courses aim at developing
broad-based analytic and management skills. Because of their exclu-
sivity, the **grandes écoles** are renowned for creating **un esprit de corps**
among top managers. Over 60% of managing directors and chief
executives of French companies are graduates from the **grandes écoles**.

Text 2 Job adverts

A

Groupe très important dans l'économie française recherche **une Assistante de Direction bilingue Anglais.**

Vous travaillerez pour un de ses Vice-Présidents. Vous serez chargée de la gestion de son agenda, l'organisation de réunions et de déplacements, ainsi que du suivi administratif de ses missions. Vous intégrerez une équipe internationale de haut niveau.

Vous êtes titulaire d'un BTS Assistante de Direction et disposez d'au moins trois ans d'expérience professionnelle. Vous êtes bilingue anglais et vous maîtrisez Microsoft Office.

Vous êtes organisée, autonome, rigoureuse et disponible. Vous savez travailler sous pression, et gérer le stress.

B

Consultants expérimentés en organisation et management, **Brocard Consulting** renforce ses équipes dans les secteurs suivants: Assurance, Banques et Finance.

Diplômé d'une grande école de commerce ou d'ingénieurs, vous pratiquez couramment l'anglais et vous justifiez d'une expérience de 3 à 7 ans en qualité de consultant.

Pour nous rejoindre, adressez votre candidature à Francine d'Alambert, Brocard Consulting, 25 avenue Malakoff, 75016 Paris.

C

CONTEXA S.A.

Groupe textile français de 500 personnes, leader sur le marché du linge de lit, nous recherchons:

2 attachés commerciaux

Rattaché au directeur des ventes, vous aurez pour mission de développer les ventes de nos produits. Vous assurerez la gestion des linéaires et mettrez en place des opérations commerciales. Adaptabilité et capacité d'établir des relations efficaces à l'intérieur de la force de vente sont les qualités requises pour réussir dans ce poste.

Vous avez 25–30 ans, une formation DUT, BTS commercial ou niveau équivalent, avec une première expérience de la vente.

244

Vocabulary ◆

le suivi	follow-up, monitoring
maîtriser	to master
autonome	independent
rigoureux	meticulous
disponible	*here*: flexible, open-minded
sous pression	under pressure
le linge du lit	bed linen
commercial	to do with sales and marketing
la gestion des linéaires	the management of shelf-space
mettre en place	to set up, implement
des relations (f) **efficaces**	efficient relationships
la force de vente	the sales team

Exercise 5   244

1   What jobs are being advertised? Select from the box below.

> engineer – junior sales manager – PA (personal assistant) –
> management consultant – secretary – personnel officer

2   Which ad
   a   asks for the highest level of training?
   b   does not specify the required number of years' experience?
   c   does not specify the personal characteristics required?
   d   was probably placed by an agency, not by the employer?
   e   specifies particular computer skills?
   f   does not say who the successful candidate will work for?
   g   asks for someone who can work under pressure?

3   Find expressions which mean
   a   you will be responsible for (two expressions)
   b   you hold a (*qualification*)
   c   send your application to
   d   you are fluent in English
   e   your objective is to
   f   with initial experience in sales
   g   experienced

h   reporting to the Sales Director
i   an international team
j   business trips
k   to succeed in this job

Language points ♦

Job titles

Some jobs do have specific names, such as:

avocat	lawyer
commerçant	shop-keeper
comptable	accountant
consultant	management consultant
médecin	doctor
notaire	solicitor
professeur	teacher
secrétaire	secretary

Other jobs are described using more general terms such as:

assistant	assistant
cadre	executive
chef (de)	head of
contrôleur	inspector
directeur	manager
responsable	director, manager

The more general terms are usually qualified in some way:

contrôleur en métrologie	weights and measures inspector
chef du personnel	head of personnel
cadre commercial	sales executive
responsable de production	production manager

And jobs are also defined by where someone works:

Dominique est cadre <u>dans une chaîne de TV</u>.
Dominique is an executive **in a TV company**.

Cendrine est caissière <u>chez Carrefour</u>.
Cendrine works on the check-out **at Carrefour**.

Exercise 6 2 4

Can you translate what the following people do?

1 Valérie est professeur d'anglais dans un lycée.
2 Georges est responsable marketing dans une PME.*
3 Denise est attachée commerciale dans une maison d'édition.
4 Roger est directeur du personnel dans une grande surface.
5 Cécile est cadre dans une grande société pharmaceutique.
6 Jean-Marie travaille dans un cabinet d'avocats internationaux.
7 Annie est assistante de direction pour le PDG** de Micratel.

*PME = une petite / moyenne entreprise = small / medium-sized company
**PDG = président directeur général = managing director

Text 3

Emma Hall
93 rue Meslay
75003 PARIS
Tél: 01 48 96 24 44
emhall@wanadoo.fr

Britannique
25 ans

Objectif   intégrer comme secrétaire de direction bilingue une équipe dynamique et internationale dans un des secteurs suivants: administration régionale, marketing, documentation, contentieux

Expérience
2001   *Duchêne & Vanderhoeven, cabinet d'avocats internationaux, Londres*

Stage de six mois: Assistante administrative bilingue
  – organisation et suivi administratif de réunions
  – accueil de la clientèle
  – recherches sur contrats commerciaux

2000	*Downland Council, Heathfield, UK (adminstration régionale)*
	Service du Tourisme et des Relations Internationales

Stage de trois mois: Assistante administrative bilingue
- traduction de courrier et de documents publicitaires
- édition en PAO d'un bulletin bilingue destiné aux entreprises
- rédaction d'un rapport sur le marketing du tourisme régional

1996–1998 *Agora, Agence d'intérim, Paris*

Secrétaire/Assistante de direction bilingue
- diverses missions dans des sociétés de prestige (BNC, Micratel)
- gestion d'agenda et de déplacements
- mise à jour de la documentation commerciale
- organisation et suivi administratif de réunions

Formation

1998–2002 *University of West London Business School, Londres, UK*
BA in International Business (Licence de Commerce International) 2:ii (mention bien)

1996 Diplôme de secrétaire bilingue (français–anglais)

1995 A level (baccalauréat) Options: français, économie, technologie

---

Langues anglais (langue maternelle), français courant (lu, parlé et écrit), espagnol (notions)

Logiciels Microsoft Office, Page-Maker Pro (PAO), pratique d'internet

Loisirs Sport (natation, adhérente d'un club de gym), pratique de la poterie

Vocabulary ♦

l'administration régionale	local (regional) government
la documentation	publications, documentation
le (service du) contentieux	legal (department in a company)
le suivi administratif	administrative follow-up
un stage	a work placement, training course
un cabinet d'avocats	a law firm
PAO (publication assistée d'ordinateur)	DTP (desk-top publishing)

Exercise 7

Scan through Emma Hall's CV. Check whether any of the job ads you have just looked at might be of interest to her. Note down why you think she might / might not be suitable.

Language points ♦

Writing a CV

The typical headings of a French CV are **expérience** ('experience') and **formation** ('training, educational background'). Sometimes the first heading is **expérience professionnelle** and the second extended to **formation et diplômes**. Some CVs head the last section **divers**. Depending on the job, the information which Emma has put against **logiciels** ('software') might be placed under a heading of its own: **connaissances informatiques**. **Activités extraprofessionnelles** can also be used instead of **loisirs**.

Increasingly, French CVs are adopting the North American style of including a section titled **objectif**. Typically, this section is expressed in infinitives such as **participer à** ('participate in'), **intégrer** ('join – a team or a department'), **mettre en pratique** ('put into practice'), **mettre à profit** ('use, make the most of').

Exercise 8

You may have noticed in Emma's CV that details of jobs are typically expressed by nouns, rather than verb phrases.

1 Fill in the following table:

Noun	Verb?	Translation?
Accueil de la clientèle		
Organisation de réunions	*organiser*	
Traduction de courrier		
Édition en PAO d'une brochure		
Rédaction d'un rapport		
Mise à jour de la documentation		

2 Using your list, explain what Emma did in her different jobs, using verbs in the perfect tense, e.g. **Elle a organisé des réunions.**

Dialogue 1 Track 19 245

Emma has to decided to sign up with her old employment agency, Agora. She is interviewed by the director, Madame Malnet.

Exercise 9

1 Listen to the dialogue and answer the following questions:
   a What do you learn about Emma that is not in her CV?
   b What job does Mme. Malnet have in mind for her?

2 Find the equivalent phrases in the dialogue:
   a I've just finished my studies.
   b I ended up organising all his meetings.
   c Could you tell me a bit more about this course?
   d These two placements allowed me to put into practice my knowledge of French.

MM   Mademoiselle Hall? Si vous voulez bien entrer . . . Asseyez-vous, je vous en prie. Alors, vous venez de vous inscrire dans notre agence . . .

EMMA Oui, c'est ça. J'ai travaillé pour votre agence lors de mon premier séjour en France. Maintenant je viens de terminer mes études en Angleterre et je cherche à nouveau un poste, un poste de secrétaire de direction.

MM   D'accord. Et quand vous travailliez pour nous la dernière fois, c'était en tant que secrétaire bilingue?

EMMA Au début, oui. J'ai d'abord été à la BNC comme secrétaire bilingue, puis j'ai travaillé pendant un an chez Micratel comme assistante de direction pour le Directeur Commercial. Je gérais son agenda, je rédigeais son courrier et j'ai fini par organiser toutes ses réunions.

MM   Très bien. Puis vous êtes repartie en Angleterre pour préparer un diplôme de commerce international . . .

EMMA Oui, c'est ça.

MM   Pourriez-vous m'en dire un peu plus sur cette formation?

EMMA Je crois que le diplôme que j'ai fait correspond plus ou moins à une licence, donc au niveau bac + 3. J'ai suivi des cours d'économie et finance, de droit et de gestion internationale. On a eu aussi des cours pratiques en informatique – PAO, bases de données, pratique d'internet. Et j'ai fait une option en espagnol.

MM   Avez-vous le même niveau en espagnol qu'en français?

EMMA Non, j'ai des notions d'espagnol, mais je manque de pratique à l'oral.

MM   D'accord. Parlez-moi un peu des stages en entreprise que vous avez effectués . . .

EMMA Ces deux stages m'ont permis de mettre à profit mes connaissances du français, d'abord en travaillant pour une administration régionale où il y avait beaucoup de contact avec la France, et puis dans un cabinet d'avocats français à Londres.

MM   En quoi consistait ce travail?

EMMA J'étais responsable de l'accueil des clients . . . et puis c'était essentiellement de la recherche, il fallait par exemple vérifier certains aspects des contrats et préparer des notes pour les avocats. C'était un travail qui me demandait beaucoup d'autonomie, beaucoup de rigueur, j'ai appris à faire attention aux détails, et finalement, ça m'a beaucoup plu.

MM   Très bien. Alors justement nous avons un poste qui pourrait vous intéresser. Il s'agit d'un poste d'assistante de direction bilingue pour le Vice-Président d'un important groupe d'assureurs. Vous êtes disponible de suite?

Vocabulary ♦

s'inscrire	to register, to enrol
un dossier d'inscription*	a registration form
le droit	law
les bases (f) **de données**	databases
effectuer un stage	to do / undertake a placement
mettre à profit	to put into practice
en travaillant	while working
l'autonomie (adj **autonome**)	independence (independent)
le rigueur (adj **rigoureux**)	meticulousness (meticulous)
faire attention à	to pay attention to
ça m'a beaucoup plu	I enjoyed it a lot (it pleased me a lot)

(*not in text)

Language points ♦

Describing your career

J'ai travaillé {
    pour votre agence   en tant que ...
    chez IBM   comme ...
    à Micratel

J'ai fait {
    un cours   de français
    une licence   de droit
    un diplôme   de commerce
    un stage   d'informatique

You can also **préparer un diplôme** ('to study for a qualification') or **une licence** ('a degree'), and **suivre un cours** ('to follow a course').

To describe a past job in detail, you will probably want to use the *imperfect* tense, as Emma did:

J'<u>étais</u> **responsable de** l'accueil des clients.
I **was** responsible for receiving clients.

Mon travail <u>consistait</u> à vérifier certains aspects des contrats.
My work **consisted** of checking certain aspects of the contracts.

Ce travail me <u>demandait</u> beaucoup d'autonomie.
This work **required** me to be very independent.

However, looking back on a particular experience and evaluating it, you'll probably want to use the *perfect* tense:

Ces stages m'<u>ont permis</u> de mettre à profit mes connaissances du français.
These placements **enabled** me to use my knowledge of French.

J'<u>ai appris</u> à faire attention aux détails.
I learned to pay attention to detail.

Ça m'<u>a</u> beaucoup <u>plu</u>.
I enjoyed it a lot. (It **pleased** me a lot.)

In relation to foreign languages, you can refer generally to your 'knowledge' (**mes connaissances du français**) or your 'skills' (**mes compétences en français**). To refer to the level of your skills:

J'ai des notions d'espagnol.
I've got a basic knowledge of Spanish.

Je manque de pratique (à l'oral) en italien.
My (spoken) Italian is rather rusty.

Je me débrouille en allemand.
I can get by in German.

J'ai un bon niveau en français.
I've got a good level in French.

Je parle couramment l'arabe.
I speak Arabic fluently.

Did you notice?

1 Madame Malnet starts the interview with **Alors, vous <u>venez de</u> vous inscrire dans notre agence** and Emma explains she is now returning to work because **Je <u>viens de</u> terminer mes études**. What does this expression **venir de** mean?

2 Review the different questions which Madame Malnet asks in this interview. Referring back to Unit 1, p. 9, which question pattern does she use most frequently? Can you explain why? Which alternative question pattern could she have used?

3 In her final question, Madame Malnet asks Emma if she is **disponible de suite**. What do you think this means? The word **disponible** was also used in the job advert for a bilingual PA, but check back: do you think the meaning there is the same as in Madame Malnet's question above?

1 Annie and Gérard were interviewed about how their lives had changed over the last three years. Based on the notes below, write a brief account for each one, contrasting past and present. Then do the same for yourself!

		Avant	Aujourd'hui
Annie	Travail	cadre commercial un supermarché à plein temps	consultant en marketing à la carte
	Loisirs	pas de loisirs!	ma famille, mon jardin sport: tennis et voile
Gérard	Travail	chômeur	informaticien compagnie d'assurance à plein temps
	Loisirs	randonnée, football, photo	cinéma de temps en temps

2 You've signed on with an employment agency in Paris and are being interviewed by a member of their staff. Complete the dialogue based on the cues in italics.

   – Est-ce que vous avez déjà travaillé en France?
   – *Say no, but you worked for three years in the European Parliament in Luxembourg.*

   – En quoi consistait exactement votre travail?
   – *Say it was essentially research. You had to check all the statistics in the reports of your department. And you also wrote press releases (**des communiqués de presse**). The job required a lot of patience and meticulousness, but you enjoyed it.*

– Parlez-moi un peu de vos compétences linguistiques. Vous parlez le français, mais connaissez-vous d'autres langues?
– *Say yes, you speak German fluently, you can get by in Dutch* **(en néerlandais**) *and you have a basic knowledge of Spanish.*

– D'accord. Et quels logiciels maîtrisez-vous?
– *Say you use Microsoft Office every day and you have just done a training course in desk-top publishing.*

6 Le sud-ouest

In this unit you can learn about:

- ▶ regional accents in the north and south of France
- ▶ vocabulary associated with houses and holiday accommodation
- ▶ revising language covered so far
- ▶ using demonstrative pronouns **celui**, **celle**, **ceux** and **celles**
- ▶ using **déjà**, **ne . . . jamais**, and **ne . . . pas encore**

Dialogue 1

In this interview, two students, Céline and Frédéric, talk about their region. Céline is from Les Landes and Frédéric from Le Gers. These **départements** *are essentially agricultural, although tourism is important particularly along the Atlantic coast of Les Landes. Being so far from Paris, people in the south-west feel themselves to be rather different.*

Exercise 1

1 How do you ask where someone comes from?
2 What is a **département**? Is it different from a **région**?
3 What is a **station balnéaire**?
4 Tick the expressions you'd expect to hear in this interview.

> la forêt – des usines – les freins – des nouvelles – la province –
> leurs vacances – la nourriture – les salaires – la côte landaise
> – les Allemands – la gestion – le tableau de bord – disponible –
> l'océan – les Parisiens – une fumée – l'agriculture –
> le rond-point – l'animation – le bricolage – de bonnes valeurs

Exercise 2   246

Écoutez l'interview. Les affirmations suivantes, sont-elles vraies ou fausses? Justifiez vos réponses en français.

1 Mimizan est un centre industriel.
2 La forêt landaise, selon Céline, est la plus grande d'Europe.
3 Dans le Gers, selon Frédéric, les gens font de la chasse.
4 Les principales spécialités gastronomiques du Gers sont le foie gras et le chapon ('capons').
5 L'Armagnac est la boisson-type du Gers.
6 Selon Frédéric, les Parisiens ont une vie plus décontractée.
7 Dans les médias, on parle d'abord de la province.

Exercise 3   246

Translate the following and then check back with the dialogue.

1 Celine, where do you come from?
2 Many people come to spend their holidays on the Landes coast.
3 There are wood factories, since we've got this huge forest.
4 But otherwise there's not much happening.
5 I'm from the Gers which is in Occitanie near Toulouse.
6 The Parisians have a lifestyle which is a lot faster than French people from the provinces.

Vocabulary ◆

un hectare	a hectare (10 000 sq. metres)
autrement	otherwise
l'Occitanie	*the regions of the south-west which used to speak la langue d'oc*
être attaché à	to be attached to
de bonnes valeurs	good old-fashioned values
la nourriture	food
la chasse	hunting
-type	typical *(only used in compounds, e.g. la boisson-type)*
métro–boulot–dodo *(informal)*	métro–work–bed

ressentir	to feel, have a sense of
on le ressent dans les médias	you get a sense of it in the media
des nouvelles (f)	news, news stories
par rapport à	in relation to

INT　　　Céline, d'où venez-vous?

CÉLINE　Je viens de Mimizan dans le département des Landes qui est situé dans la région Aquitaine. C'est une petite station balnéaire sur la côte landaise donc avec l'océan atlantique . . . et c'est très réputé pour sa forêt, la forêt landaise, qui est la plus grande forêt d'Europe avec neuf cent mille hectares et beaucoup de gens, beaucoup de Parisiens, ou d'Allemands, viennent passer leurs vacances sur la côte landaise. Il y a de l'agriculture, il y a des usines de bois puisque on a cette grande forêt, mais autrement il n'y a pas grand-chose qui se passe . . .

INT　　　Et Frédéric, vous venez aussi du sud-ouest?

FRED　　Tout à fait. Moi, je viens du sud-ouest, je viens du département du Gers qui est situé en Occitanie à côté de Toulouse. Alors c'est un petit département également très rural et où on est attaché à de bonnes valeurs comme la nourriture ou la chasse.

INT　　　Et la nourriture, qu'est-ce que vous mangez?

FRED　　Alors dans le sud-ouest, particulièrement dans le Gers, on se nourrit beaucoup de canard gras, du foie gras issu donc du

Le figuigers . . . du canard farci au foie gras.
Photo: © Association Gersoise pour la promotion du foie gras.

canard, des chapons surtout pendant la période de Noël, on boit beaucoup de bon vin également et de l'Armagnac qui est la boisson du sud-ouest . . . type . . .

INT   Vous venez d'une région, une région qui est quand même très très loin de Paris, la capitale de la France. Est-ce que vous avez l'impression que Paris, c'est un autre pays? Est-ce que vous avez l'impression d'être différent?

FRED   Complètement, complètement. Les Parisiens ont une vie qui est beaucoup plus rapide que les Français de la province. Ils travaillent beaucoup. A une époque, on résumait la vie parisienne par un slogan qui était 'métro–boulot–dodo', ce qui résume assez bien. J'ai vraiment l'impression quelque part que Paris est un autre pays. On le ressent notamment dans les médias. On a souvent des nouvelles par rapport à Paris. La province vient tout le temps après.

Language points ♦

Varieties of French

French is used differently by different speakers in different contexts, and regional varieties exist both within France and across the francophone world (see Unit 12). Both Cécile and Frédéric have accents which differ from Parisian French, the standard variety in France. The most marked differences in French accents are those which distinguish between speakers from the north and those from the south (le **Midi** or le **Sud-Ouest**):

The 'e muet'
In standard French, the final **e** is not pronounced, so the phrase **une-pe-tite-sta-tion-bal-né-aire** has eight syllables. In southern French varieties, it may have ten or eleven: Céline talks about **une-pe-ti-te-sta-tion-bal-né-ai-re**. Frédéric adds an extra syllable to **Tou-lou-seu** whereas the standard French pronunciation is **Tou-louse**.

Nasal vowels
Particularly in the south-west, the nasal vowels, for example in **de bon vin**, are pronounced further to the front of the mouth and finish with an 'ing' sound so that Frédéric seems to be saying **de bung veng**.

The mid vowels 'a' and 'o'

Listen to how Céline says **La̲ndes**. In southern varieties, the 'a' comes close to the English vowel in 'm**u̲**d', while in standard French, it is closer to 'a̲re'. Céline pronounces **cho̲se** with a vowel that is closer to 'c**o̲t**' rather than the standard, which is more like a shortened version of the vowel in 'c**oa̲t**'.

Text 1

*As Céline mentioned, tourism is important in Aquitaine. To support tourism generally, France has a national network of bed and breakfast accommodation (***chambres d'hôte***) and self-catering cottages (***gîtes ruraux***) in rural areas. Text 1 presents a selection of two-bedroom ***gîtes ruraux*** in the area of the Landes.*

Vocabulary ♦

First check through some of the essential vocabulary for talking about homes that you will meet in the text.

la chambre	bedroom
un étage	a floor (above)
le rez-de-chaussée	ground floor
la salle d'eau	shower room
la salle de séjour	living room
le salon	lounge
le chauffage	heating
au gaz, électrique	gas, electric
une cheminée	fireplace
le congélateur	freezer
mal / bien desservi	poorly/well served
le lave-linge	washing machine
le lave-vaisselle	dishwasher
le micro-ondes	microwave
un abri	a shelter
une balançoire	a swing
l'équipement (m)	facilities
les meubles de jardin	garden furniture
le terrain	the grounds
clos, non clos	enclosed, not enclosed

indépendant	separate
entrée indépendante	separate entrance
mitoyen	adjoining
un forfait	a special 'deal'
gratuit	free
le propriétaire	the owner

Losse

Gîte totalement indépendant en forêt, comprenant 2 chambres, cuisine, salon, salle d'eau, sur terrain non clos. Lave-linge, lave-vaisselle, congélateur, micro-ondes, téléphone service restreint. Meubles de jardin, garage, abri couvert, tennis (gratuit). Chauffage électrique + cheminée. Bois de cheminée gratuit. Zone mal desservie par mobile.

Photo: Gîtes de France (Landes).

Loisirs
- Equitation: 30.0km
- Voile: 30.0km
- Golf: 30.0km
- Canoë-kayak: 22.0km
- Piscine: 22.0km
- Pêche: sur place
- Plage: 100.0km
- Tennis: sur place
- Gare: 45.0km
- Commerce: 22.0km

Équipements
- Maison indépendante
- Rez-de-chaussée
- Lave-linge
- Lave-vaisselle
- Cheminée
- Équipement bébé

Mauzevin en Armagnac

Gîte totalement indépendant situé sur exploitation agricole et viticole, en rez-de-chaussée. Comprenant salle de séjour coin cuisine, salle d'eau et 2 chambres. Terrain non clos, avec jardin, meubles de jardin, barbecue, terrasse couverte. Lave-linge, lave-vaisselle, micro-ondes, congélateur, TV. Chauffage électrique + cheminée (forfait bois: 16 euros). Marché le plus proche à Eauze, 25km. Zone desservie par mobile. Bâtiment d'élevage à 600m (volailles).

Photo: Gîtes de France (Landes).

Loisirs
- Equitation: 40.0km
- Voile: 12.0km
- Golf: 25.0km
- Canoë-kayak: 12.0km
- Piscine: 15.0km
- Pêche: 9.0km
- Plage: 100.0km
- Tennis: 5.0km
- Gare: 35.0km
- Commerce: 10.0km

Équipements
- Maison indépendante
- Rez-de-chaussée
- Télévision
- Lave-linge
- Lave-vaisselle
- Cheminée
- Équipement bébé

Onnesse et Laharie

Gîte mitoyen au propriétaire en étage, comprenant: salle de séjour coin cuisine, salle d'eau, 2 chambres (2 lits 140, 1 lit 120, 1 lit enfant), lave-linge, terrain non clos, meubles de jardin et balançoire. Gîte situé dans le bourg. Terrain commun gîte et propriétaire. Entrée indépendante. Chauffage au gaz.

Photo: Gîtes de France (Landes).

Loisirs
- Equitation: 22.0km
- Canoë-kayak: 20.0km
- Piscine: 15.0km
- Pêche: 0.2km
- Plage: 22.0km
- Tennis: 0.8km
- Gare: 15.0km
- Commerce: 0.8km

Équipements
- Lave-linge

Exercise 4   2 47

Read through the brochure and answer the following questions:

1 Which gîte
   a is on the first floor of the owner's house?
   b is part of a farm?
   c is in a forest?
   d is in a small village?
   e has a separate kitchen?
   f has gas heating? (What about the other two?)
2 Do any of the gîtes have enclosed gardens?
3 What activities are available within 30km of all of the gîtes?
4 Which gîte would best suit the following people?

Janice and Tony want to go on holiday with their two children. Tony likes fishing, Janice likes tennis but what's most important for her is getting away from it all in the countryside.

Christophe and Simone have a modest holiday budget and don't want to use their car too much, although they do want to be within striking distance of the sea. They have an eight-year-old daughter.

Alan and Fiona have two children who particularly enjoy water sports, like canoeing and sailing. They want a well-equipped kitchen and they want to spend time outside. They enjoy barbecues. Fiona's mother is unwell and they need to keep in touch by mobile phone.

Exercise 5   247

Translate the following:

> For rent (A LOUER)
>
> Cottage, consisting of a kitchen, living room, bathroom and two bedrooms, in enclosed grounds, with garden furniture and a barbecue. Washing machine, microwave, freezer and TV. Gas heating. Free use of tennis courts. Beach: 5 miles.

Dialogue 2 🔊👂

*Cécile Gérard and her English friend, Jane Saunders, are planning a holiday in the Landes. Cécile phones Jane to discuss the **gîtes** you have just been reading about.*

Exercise 6

1 Écoutez le dialogue et notez à l'écrit les avantages et inconvénients des trois gîtes.

	Avantages	Inconvénients
Onnesse et Laharie		
Losse		
Mauzevin en Armagnac		

2 Quel gîte finissent-elles par sélectionner? Pour quelles raisons?

Vocabulary ◆

un mél	an e-mail
imprimer	to print
pratique	convenient
chouette *(informal)*	nice
partager	to share
un vignoble	a vineyard
le vignoble bordelais	the Bordeaux vineyards
la dégustation	tasting (e.g. wine tasting)
les poulets, les oies = volailles	hens, geese = poultry
il vaut mieux que + *subjunctive*	it would be better to, I had better ...
mettre au point	to finalise
on n'y a pas encore réfléchi	we haven't really thought about it yet

JANE	Hello?
CÉCILE	Allô? C'est Jane?
JANE	Oui. Bonjour Cécile. Comment vas-tu?

CÉCILE   Très bien, et toi?

JANE   En forme! Je viens de terminer un gros projet, donc je me sens un peu plus libre . . .

CÉCILE   Formidable. Écoute, je te téléphone à propos du gîte, pour la fin juillet. Tu as reçu mon mél?

JANE   Oui et j'ai lu les descriptions des gîtes.

CÉCILE   Et qu'est-ce que tu en penses?

JANE   Un instant, je les ai imprimées. Je vais les chercher . . . Allô? voilà, je les ai. Je crois qu'une maison indépendante serait préférable, non? Donc pour le gîte d'Onnesse et Laharie, je ne sais pas . . .

CÉCILE   L'avantage là, c'est qu'il est situé dans le bourg, donc c'est pratique pour faire les courses et la mer n'est pas loin, m'enfin, c'est vrai, partager avec le propriétaire, ce n'est pas toujours agréable.

JANE   Les deux autres, celui de Losse et celui de Mauzevin sont tous les deux très jolis. Tu connais ces endroits?

CÉCILE   Alors Losse se trouve en pleine forêt landaise, pas trop loin du vignoble bordelais, donc on pourrait visiter des vignobles et faire de la dégustation, ce serait chouette, et puis Bordeaux n'est pas loin . . . Je n'y suis jamais allée mais on me dit que c'est une ville intéressante. Puis Mauzevin, ça se trouve un peu plus au sud-est, presque dans le Gers. On y est déjà allé une fois il y a deux ans. C'est un très joli coin. Il y a le lac d'Uby qui est très bien aménagé pour le tourisme, on peut s'y baigner, faire des promenades . . . le seul inconvénient de ce gîte-là c'est qu'il n'y a qu'un coin cuisine . . .

JANE   Mais on ne va pas passer nos vacances dans la cuisine!

CÉCILE   Non, c'est absolument vrai, et franchement, je te dis, Mauzevin est celui que je préfère.

JANE   Ben, moi aussi.

CÉCILE   Bon, alors on est d'accord pour réserver celui de Mauzevin?

JANE   Oui, tout à fait.

CÉCILE   Je vais essayer de le faire par internet, ou . . . non, je pense qu'il vaudrait mieux que je téléphone directement à la propriétaire, non? Comme ça je pourrais lui demander si ses poulets et ses oies risquent de nous réveiller la nuit . . .

JANE   Bonne idée . . . et demande-lui, si c'est possible, de nous envoyer une documentation sur les environs.

CÉCILE	D'accord. Donc c'est pour la semaine du 16 au 22 juillet . . . Dis, vous comptez aller directement à Mauzevin?
JANE	Hmm. Je ne sais pas encore. On n'y a pas encore réfléchi.
CÉCILE	Si vous vouliez passer quelques jours chez nous avant, vous seriez les bienvenus.
JANE	C'est bien gentil. De toutes façons on se téléphonera d'ici là pour mettre au point tout ça?
CÉCILE	Oui, bien sûr. Bon, très bien. Alors, je te quitte. Dis bonjour à David . . .
JANE	Je n'y manquerai pas. Également à Roger.
CÉCILE	D'accord . . . Au revoir, Jane et à bientôt.
JANE	Au revoir, Cécile.

Exercise 7   2४8

1   Jane explains to Cécile that she *has just finished* a big project. How does she express this in French?

2   In this dialogue the perfect forms of the following verbs are used: first, note down the form, then check back with the text.
   a   recevoir – **tu**
   b   lire – **je**
   c   les imprimer – **je**
   d   réfléchir – **on**

3   Reorder the words to form the questions from the dialogue:
   a   vas – comment – tu?
   b   as – tu – mon mél – reçu?
   c   en – qu' – tu – penses – est-ce – que?
   d   ces endroits – tu – connais?
   e   vous – à Mauzevin – directement – aller – comptez?

4   Replace the underlined element with the appropriate pronoun:
   a   Je vais chercher les descriptions.
   b   On peut se baigner au lac.
   c   Je pourrais demander à la propriétaire.
   d   Demande à la propriétaire de nous envoyer une documentation.

5 Place the pronouns **me**, **te**, **se** and **nous** in the right position:
   a Je sens un peu plus libre
   b Je téléphone à propos du gîte
   c Losse trouve en pleine forêt landaise
   d si ses poulets et ses oies risquent de réveiller la nuit
   e on téléphonera

6 Translate the following:
   a We could visit some vineyards.
   b We're not going to spend our holidays in the kitchen.
   c I'll try to do it by internet.
   d I shan't forget. / Of course I shall.

Language points ◆

Using demonstrative pronouns   celui

Jane and Cécile use **celui** to avoid repeating **le gîte** throughout their conversation. **Ce + lui** means 'the one' and it refers back to a masculine singular noun – **le gîte**. You can probably guess the other forms:

masculine plural	ce + **eux** = **ceux**
feminine singular	ce + **elle** = **celle**
feminine plural	ce + **elles** = **celles**

These pronouns can also be used with **-ci** and **-là**. **Celui-ci** means 'this one' or 'the former' and **celui-là** means 'that one' or 'the latter'.

Exercise 8

Replace the noun underlined with **celui**, **celle**, **ceux** or **celles**.

1 Quel hôtel préfères-tu? L'hôtel qui est situé à la sortie de la ville ou l'hôtel qui est en plein centre?
2 Quelle chambre préférez-vous? La chambre qui donne sur la cour ou la chambre qui donne sur la rue?
3 Les touristes sont tous les mêmes. Les touristes qui débarquent sur la côte landaise ne cherchent qu'une chose: le soleil.
4 – As-tu lu les descriptions des gîtes? – Non, je crois que j'ai perdu les descriptions que tu m'as passées hier, et j'ai supprimé les descriptions que tu m'as envoyées par courrier électronique.

Le mot juste   ne ... jamais, pas encore, déjà

Je <u>ne</u> suis <u>jamais</u> allé à Bordeaux.
I've **never** been to Bordeaux.

On est <u>déjà</u> allé une fois à Mauzevin.
We've been to Mauzevin once **before / already**.

Je <u>ne</u> sais <u>pas encore</u>.
I don't know **yet**.

These expressions are straightforward to use, but note the use of déjà in positive questions:

Est-ce que tu es <u>déjà</u> allé dans les Landes?
Have you **ever** been to the Landes? / been to the Landes **before**?

Est-ce que vous avez <u>déjà</u> téléphoné au propriétaire?
Have you telephoned the owner **yet**?

Exercise 9   248

Translate the following sentences:

1 Jane and David have never been to the Landes.
2 Cécile hasn't telephoned the owner of the gîte yet.
3 Have you sent the letter yet? No, not yet.
4 Have you ever been to Toulouse?

Did you notice?

1 Who does the se refer to in Jane's statement: **on <u>se</u> téléphonera?**
It's clearly not 'herself'. The translation here is: 'We'll phone **each other**'. Se and nous can have a 'reciprocal' function, so 'we saw each other' → nous <u>nous</u> sommes vus.
2 Translate Cécile's indirect invitation to Jane: '**Si vous <u>vouliez</u> passer quelques jours chez nous avant, vous <u>seriez</u> les bienvenus.**' Which tense is used after si? Which tense comes in the second part of the sentence?

Text 2

If ever you book a gîte on line, you'll need to understand this text.

Conditions générales de ventes dans le Département

La réservation que vous effectuerez en ligne concerne un hébergement Gîtes de France géré par **notre centrale de réservation.**

Nos conditions de vente

En règle générale les réservations se font pour des séjours du samedi 16h au samedi 10h. Les réservations week-end se font du vendredi 18h au dimanche 18h et sont acceptées en dehors des **vacances scolaires.**

Lors de votre réservation en ligne un paiement par carte bancaire vous sera exigé pour un séjour réservé à moins de 15 jours de la date d'arrivée.

Il ne vous sera pas possible de réserver en ligne un séjour à moins de 4 jours de l'arrivée prévue. Pour toute demande particulière contactez directement la centrale de réservation.

Différents modes de règlement sont acceptés: chèques, cartes bancaires, eurochèques, chèques vacances, virements bancaires, espèces.

Vous recevrez toujours un **contrat de location**, accompagné de la fiche descriptive du gîte rural, indiquant le prix du séjour, le montant des frais de dossier et une proposition d'assurance annulation avec notre assureur.

Votre réservation devient effective dès que vous aurez fait parvenir à la centrale de réservation avant le délai fixé sur le contrat un acompte de 25% du montant total de la location et un exemplaire du contrat signé.

Le solde sera à régler 30 jours avant l'arrivée dans votre gîte rural.

Source: © Gîtes de France (Landes).

Exercise 10   2 4 8

Read Text 2 which tells you how to book a gîte on-line, and answer the following questions:

1 What are the usual times for arriving at, and vacating, a gîte?
2 Can you book a gîte for a weekend during August?
3 If you book on line, do you have to pay the full amount by credit card immediately?

4 How many days in advance do you have to book?
5 Can you pay by bank transfer?
6 Do you receive some kind of contractual agreement?
7 Do you have to pay a deposit in order to guarantee your booking?
8 When do you have to pay the balance?

Exercise 11 248

In Unit 4, we reviewed ways of working out unknown vocabulary. Here's another chance to try your skills – on administrative French.

1 In paragraph 5, you probably understood **chèques, cartes bancaires** etc., but what other kinds of payment – e.g. **virement bancaire** and **espèces** – might be possible? And what is the translation of **modes de règlement**?

2 In paragraph 6, you are told you will be sent information giving the price of your stay and **le montant des frais de dossier**. **Le montant** means **amount** and **frais** means **costs** but what kind of costs? The word **dossier** can refer to any kind of application or administrative file, so **les frais de dossier** are . . . ?

3 You will also receive **une proposition d'assurance annulation**. **Une proposition** is a 'proposal', but what kind of insurance proposal might be sent with a holiday booking? What could the noun **annulation** (and its associated verb **annuler**) mean?

4 In paragraph 7, you are told that to confirm your booking, you need to send **un acompte de 25% du montant total**. Generally, with a holiday booking, a proportion of the total amount is sent as a . . . ? So what does **acompte** mean?

5 You have to send off this payment **avant le délai fixé sur le contrat**. **Délai** can't mean 'delay' here, so it must mean . . . ?

6 Finally, paragraph 8 tells you that thirty days before you arrive at your gîte, **le solde sera à régler**. What could **le solde** be? And what does the verb **régler** mean? Clue: check back to your translation of **règlement** in 1 above.

Bilan

This 'bilan' helps you revise language from Units 1–6.

1 Jane ended up writing a letter to the Office du Tourisme in Mauzevin, asking them to send her information about the area. Write the letter she might have sent.

2   While on holiday in Mauzevin, Cécile sends a postcard to friends.
    Fill in the gaps with the appropriate verb form below:

> *Nous* _____ *quelques jours de rêve ici dans le Gers en compagnie*
> *de nos amis anglais. Nous* _____ *hier faire la visite d'une cave*
> *d'Armagnac et avant-hier nous* _____ *toute la journée au*
> *splendide lac d'Uby. Demain nous* _____ *faire de la marche à pied*
> *autour du lac. J'* _____ *que le temps dans le Nord s'améliore. Ici*
> *nous* _____ *un seul nuage.*
> *A bientôt. Je vous* _____ *tous les deux. Cécile*
>
> *embrasse — sommes allés — espère — passons — n'avons pas vu — irons —*
> *avons passé*

3   You telephone the owner of a gîte with a few questions. Write up
    your side of the dialogue:

    – Bonsoir.
    – Bonsoir Monsieur. *Say you'd like to speak to Mme. Cotta.*
    – Je suis désolé, Madame, mais ma femme n'est pas là pour l'instant.
      C'est à quel sujet?
    – *Say it's about the gîte. Say you'd like to book it for a week at the*
      end of July but you'd like to ask a few questions. Ask him if his wife
      will be back later this evening.
    – Oui, bien sûr, si vous rappelez vers neuf heures . . . Je lui dirai que
      vous avez appelé. Vous êtes Madame . . .?
    – Wilson. *Say thank you, you'll call back at around 9.30.*
    – C'est noté, Madame. Au revoir.

4   A friend is letting her house to French visitors. Interpret her
    instructions for them, using **il faut** where appropriate.

    If you'd like to follow me, here's the bathroom. To get hot
    water, you have to wait a few seconds . . . You have to close
    the taps really tightly (**bien fort**). Now, the heating is gas. You
    have to press here to turn it on. You have to be careful not to
    leave it on (**allumé**) all night. And here are the keys: these ones
    are for the garage and those ones are for the house. Have a
    good stay!

7 La vie en France: mode d'emploi

In this unit you can learn about:

- ▶ rules and regulations in France
- ▶ expressing permission and obligation
- ▶ using **faire** + infinitive
- ▶ making comparisons
- ▶ requesting, apologising and complaining

Text 1

The text on p. 113 is aimed at people coming to work and study in France. It highlights a number of French laws and customs which may be different from those in other countries.

Exercise 1

Before reading the text, check key vocabulary by matching French words with their English translation:

1	les lieux publics	a	an offence
2	faire respecter la loi	b	a check, an inspection
3	une amende	c	to check
4	le règlement	d	in order
5	se plaindre	e	public places
6	un contrôle	f	a fine
7	cette gêne	g	to ensure that the law is observed
8	vérifier	h	the regulation
9	en règle	i	to complain
10	une infraction	j	this disturbance

Exercise 2   249

Dites si, à votre avis, les affirmations suivantes sont vraies ou fausses, puis vérifiez vos réponses en lisant le texte:

1 Il faut toujours porter sur soi ses papiers d'identité.
2 On peut fumer dans la majorité des lieux publics en France.
3 Faire du bruit après 10 heures du soir constitue une infraction.
4 Voyager dans les trains de la SNCF sans billet est sanctionné par une amende à payer immédiatement.
5 Il faut 'composter' les billets SNCF avant de prendre le train.

Exercise 3   249

Répondez en français aux questions suivantes:

1 Qui peut effectuer un contrôle d'identité? Pour quelles raisons?
2 Si on fume dans les lieux publics, risque-t-on une amende?
3 Que signifie, à votre avis, les expressions 'le respect du voisinage', 'tapage nocturne' et 'les frais de dossier'?
4 Si on est victime de 'tapage nocturne', qu'est-ce qu'on peut faire?
5 Combien ces 'contrevenants' doivent-ils payer?

Jérôme voyage sans billet dans le train de Paris à destination de Chartres. Le prix du billet Paris–Chartres est de 12€. Il est contrôlé juste avant Chartres. Il dit ne pas pouvoir payer immédiatement l'amende.

Sandrine voyage dans le train Bordeaux–Bayonne. Malheureusement, elle oublie de composter son billet qui a coûté 30€. Elle explique la situation au contrôleur mais il lui fait quand même payer l'amende.

Daniel n'a plus de tickets de métro. Il voit une barrière ouverte et décide de voyager sans ticket. Il se fait contrôler. Il règle l'amende tout de suite.

Vocabulary ♦

le cas échéant	where appropriate
faire l'objet de	to be the subject of
le contrevenant	the offender

une contravention	an offence
éteindre	to put out, to extinguish; *also* to turn off
la lutte (contre le bruit)	the fight (against noise)
mener	to lead, to implement
quant à	as far as . . . is concerned
valoir	to be valid
une borne	a bollard
en toute bonne foi	in all good faith

Contrôle d'identité

Toute personne peut faire l'objet d'un contrôle d'identité. Ce contrôle, qui a pour but de vérifier que l'on est en règle avec la loi, est effectué par un officier de police. Il faut donc toujours porter sur soi les documents administratifs qui prouvent son identité et la validité de son séjour en France: passeport, titre de séjour et, le cas échéant, carte d'étudiant.

Ne pas fumer dans les lieux publics

Il est interdit de fumer dans les lieux publics. Ne pas respecter cette loi signifie théoriquement s'exposer à une amende. Mais pour l'instant la loi n'est pas appliquée avec beaucoup de sévérité et l'on demande simplement au contrevenant d'éteindre sa cigarette.

Lutte contre le bruit

De nombreuses campagnes d'information et de lutte contre le bruit ont récemment été menées par des associations de consommateurs. En effet, les Français supportent de moins en moins le bruit et entendent faire respecter la loi qui est stricte quant au respect du voisinage.

Beaucoup de Français, mal informés, croient que l'on peut faire du bruit jusqu'à 10 heures du soir. C'est faux. Le règlement vaut pour toutes les heures de la journée et de la nuit. Cependant, c'est généralement le soir que les voisins se plaignent de « tapage nocturne ». Il leur suffit d'appeler le commissariat de police de leur quartier: des officiers de police se présentent alors généralement chez la personne responsable du bruit et lui demandent de faire cesser cette gêne.

Transport = Contrôle

Les contrôles de billet dans les transports en commun sont courants. Dans le métro, les voyageurs sans billet paient une amende. Elle s'élève à 23€ si l'on paie l'amende tout de suite et 23€ de plus pour acquitter les frais de dossier si l'on ne paie pas immédiatement. Si on voyage sans titre de transport dans un train, la SNCF* fait payer le billet en question, plus une amende de 15€ si l'on paie tout de suite. Lorsqu'on diffère le paiement, il en coûte 38€ de frais de dossier en plus.

Quand on prend le train, on doit obligatoirement « composter » son billet. Composter un billet de train, cela veut dire l'introduire dans une borne orange qui le valide (ces bornes se trouvent dans les halls de gare et sur les quais). Un billet non composté n'est pas valable et l'amende est la même que si l'on voyage sans billet du tout. La SNCF est très stricte sur ce point: expliquer en toute bonne foi que l'on ne connaît pas le règlement ne dispense généralement pas de payer l'amende.

Source: Hamid Amazigh <www.espaceetudiant.com/etranger> © Acting Informatique.

*La SNCF = la Société nationale des chemins de fer, the French state-owned rail company

Language points ◆

False friends

The SNCF, even assuming its green credentials, does not require you to *compost* your train ticket! Although guessing vocabulary based on similar English words is a useful strategy, it can sometimes point you in the wrong direction. Below are other examples of 'false friends' from the passage you've just read.

- contrôler, un contrôle

As you have no doubt realised from the text, **contrôler** usually means 'to check' or 'to inspect' rather than 'to control'.

- un titre de séjour, de transport

Although **titre** does mean 'title', in administrative French it also means a permit of some kind, a paper giving rights to something.

- supporter le bruit

This means 'to tolerate' and it connects with the English sense of 'support' meaning 'to bear', rather than the meaning 'to agree with'.

- les contrôles sont courants

Courant looks like 'current', and **être au courant** means to be 'up to date', but this adjective means 'common', 'frequent' or 'widespread'.

- acquitter les frais de dossier

In administrative documents, **acquitter** means 'to pay', not 'to acquit'.

- différer un paiement

This means to 'defer' payments – nothing to do with 'differing' payments! The slight change in spelling can be confusing.

- introduire un billet dans une borne orange

Introduire means 'to insert'. 'To introduce' someone is **présenter**.

- ne pas dispenser de payer une amende

'Dispense' may mean 'to give out', but if you 'have a dispensation', you don't have to do something. **Dispenser** means 'to exempt from'.

Permission and obligation

The two key verbs are **pouvoir** to express permission and **devoir** to express obligation:

> **On peut faire du bruit jusqu'à 10 heures du soir.**
> You **can** make a noise until 10 o'clock in the evening.

> **On doit obligatoirement 'composter' son billet.**
> You **have to** stamp your ticket.

As you can see, these verbs are used with **on** to say generally what can and can't be done. You can also use impersonal verbs with **il** ('it'), followed by an infinitive, to state general permission and obligation:

> **Il faut donc toujours porter sur soi les documents.**
> It is **necessary** to carry your documents on you.

> **Il est interdit / défendu de fumer dans les lieux publics.**
> It is **forbidden** to smoke in public places.

> **Il est permis de consulter un dictionnaire pendant l'examen.**
> Dictionaries are **allowed** in the exam.

On public signs, these phrases are often shortened: **interdit** is used as an adjective, and **il est défendu de** is shortened to **défense de**.

Exercise 4

What do the signs below mean?

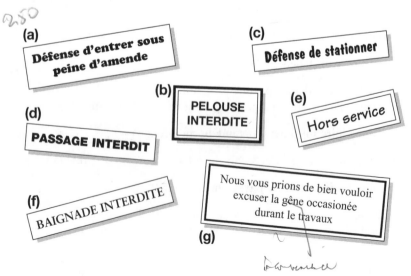

(a) Défense d'entrer sous peine d'amende

(b) PELOUSE INTERDITE

(c) Défense de stationner

(d) PASSAGE INTERDIT

(e) Hors service

(f) BAIGNADE INTERDITE

(g) Nous vous prions de bien vouloir excuser la gêne occasionée durant le travaux

Faire + infinitive

La SNCF <u>fait payer</u> le billet, plus une amende.
The SNCF **makes** you **pay / charges you** for the ticket,
plus a fine.

In the above sentence, who's doing the paying? It's *not* the SNCF:
they are making *someone else* pay.

To express this idea of *having* or *getting something done*, you use
the verb **faire** followed by an infinitive. Here's another example:

Les Français entendent faire respecter la loi.
The French want to have the law **respected**.

Faire + infinitive may sometimes be used instead of a single verb,
often in more formal contexts:

faire parvenir = envoyer
Veuillez me **faire parvenir** votre guide.

faire cesser = arrêter
Veuillez **faire cesser** cette gêne.

faire savoir = dire
Veuillez me **faire savoir** si vous comptez venir.

faire visiter = montrer
Je vais vous **faire visiter** la maison.

Exercise 5

Translate the following using **faire** + the infinitive in brackets:

1 This novel made me laugh (rire).
2 Cécile and Roger had their kitchen repainted (repeindre).
3 The teacher made the students work (travailler).
4 The ticket inspector made us pay (payer) the fine.
5 I had the engine replaced on my car (remplacer).
6 Get the oil level checked (vérifier).
7 I had the contract signed yesterday (signer).

Dialogue 1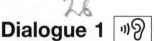

What differences do the French see between life in Britain and life in France? In the following recording, Céline, the French student interviewed in Unit 6, tells us her impressions.

Exercise 6

Here are some of the key expressions Céline uses. Check you understand their meaning by matching them to a translation.

1	faire la queue	a	we're not allowed to smoke
2	ça ne les dérange pas	b	drunk
3	ce n'est plus la mode	c	to queue
4	on nous empêche de fumer	d	relaxed
5	à l'extérieur	e	they don't mind
6	l'heure de fermeture	f	it's no longer the done thing
7	ivres	g	closing time
8	décontracté	h	outside

Now listen to the passage and note down the five differences Céline identifies. If you know France, do you agree with Céline?

CÉLINE Les Anglais, ça ne les dérange pas de faire la queue. Ils attendent des heures et des heures, ils font la queue, c'est bien connu, alors qu'en France nous n'aimons pas faire la queue. Aussi la cigarette: en Angleterre ce n'est vraiment plus la mode de fumer, chaque fois que nous sortions . . . que nous allons au restaurant ou n'importe où on nous empêche de fumer alors qu'en France beaucoup de gens continuent à fumer, ce n'est pas un problème . . . Aussi je pense que la vie est beaucoup plus chère en Angleterre, oui, la vie est beaucoup plus chère. Et le climat bien sûr . . . et je pense que c'est pour ça que les Anglais passent autant de temps dans les pubs parce que le temps est si mauvais qu'ils ne peuvent pas rester trop à l'extérieur. Donc, c'est pour ça qu'ils ont cette culture du pub . . .

INT. Quelles sont les différences entre un pub britannique et un café français?

CÉLINE Il y a une grande différence et je pense que c'est dû à l'heure de fermeture. C'est que les Anglais, les pauvres, n'ont pas beaucoup le temps de boire, alors ils doivent boire vite et ils deviennent ivres très rapidement alors que les Français, ils commencent à boire après le repas à partir disons de dix heures du soir mais après ils ont toute la nuit. Donc ils boivent plus lentement, c'est plus décontracté.

Photo: Paul Slater.

Exercise 7 250

Now listen again or read the transcription carefully to find translations for the following:
1 It's well known.
2 Life is a lot more expensive in England than in France.
3 Many people still smoke.
4 It's not a problem.
5 That's why the English spend so much time in pubs.
6 It's due to closing time.
7 They drink more slowly.

ALORS QUE

Language points ♦

Comparisons

To compare things, you can use **plus** ('more') or **moins** ('less'), along with **que**. But if you want to talk about similarities, you'll also need **aussi . . . que** ('as . . . as') and **autant . . . que** ('as much / many . . . as'):

Comparison with an adjective or adverb:

> La vie est <u>plus / moins</u> chère en Angleterre <u>qu</u>'en France.
> La vie est <u>aussi</u> chère en Angeleterre <u>qu</u>'en Norvège.

Comparison with a noun:

> En France, on consomme <u>plus / moins de</u> vin <u>qu</u>'en Grèce.
> Les Suisses consomment <u>autant de</u> bière <u>que</u> les Français.

Comparison with a verb:

> Les Français travaillent <u>plus / moins que</u> les Anglais.
> Les Français travaillent <u>autant que</u> les Allemands.

To talk about 'the most' or 'the least', you just add **le**:

> C'est en France qu'on consomme <u>le plus / le moins de</u> vin.
> Ce sont les Anglais qui travaillent <u>le plus / le moins</u>.

With an adjective, you'll need to choose **le**, **la** or **les**. It's <u>la</u> bière <u>la</u> plus chère, but <u>le</u> café <u>le</u> moins cher and <u>les</u> bars <u>les</u> plus chers.

You may also have noticed how Céline uses **si** and **autant de** to mean 'so' and 'so much'.

> Le temps est <u>si</u> mauvais . . . c'est pour ça que les Anglais passent <u>autant de</u> temps dans les pubs.

With a noun, you can also use **tant de**: il y a <u>tant de</u> choses à faire – 'there are **so many** things to do'.

Finally, notice how Céline uses the phrase **alors que** ('whereas') to highlight a comparison.

> Les Anglais, ça ne les dérange pas de faire la queue <u>alors qu</u>'en France, nous n'aimons pas faire la queue.

Exercise 8

Which European city is the most expensive? Well, that depends on what you're buying. Use the information in the table below to complete the gaps in the following sentences:

	1 bière	1 blue-jean	1 tasse de café	1 quo-tidien	10km en taxi
Amsterdam	0,4	65,3	1,6	0,9	17,2
Athènes	0,9	61,6	2,8	0,6	4,5
Berlin	0,5	78,7	2,0	1,0	14,3
Bruxelles	0,7	54,3	2,0	0,7	11,8
Dublin	1,1	73,0	2,5	1,1	9,5
Luxembourg	0,6	74,2	2,2	0,7	20,1
Paris	0,4	69,4	1,8	1,1	8,8

Prix en euros, septembre 2000
Source: *L'Expansion* 641, 15–29 mars 2001.

a   Une tasse de café est _____ chère à Paris qu'à Athènes.
b   La bière est _____ chère à Dublin qu'à Berlin.
c   Pour avoir le blue-jean _____ _____ cher il faut aller à Bruxelles.
d   On peut s'y acheter un blue-jean pour environ 55€, _____ _____ à Berlin, par exemple, il faut payer autour de 78€.
e   Le quotidien local _____ _____ cher est celui acheté à Paris.
f   Partout, une bière coûte _____ cher qu'une tasse de café.
g   Les taxis _____ _____ chers, on les trouve à Athènes.
h   Par contre, à Luxembourg, les taxis sont _____ chers! C'est fou!

Using **on**

As mentioned earlier, **on** is often used to make general statements. But Céline uses **on** slightly differently when she says '**on nous empêche de fumer**'. This literally means 'one prevents us from smoking': a better translation would be 'we're not allowed to smoke'. Verbs of permission and communication are often used with **on** in French, whereas in English we prefer a passive form:

On m'a demandé de traduire le document.
I was asked to translate the document.

On nous permet de fumer dans la cour.
We are allowed to smoke in the courtyard.

Other such verbs are **appeler, apprendre, dire, donner, envoyer, interdire, promettre, offrir, raconter, rappeler.** In all cases except **empêcher**, the object pronoun referring to the person is indirect, so for 'him', 'her' and 'them', use **lui** and **leur**, *not* **le, la** and **les**:

On <u>lui</u> a dit de venir ici.
(One told **him / her**)
He / She was told to come here.

On <u>leur</u> apprend l'alphabet dès l'âge de trois ans.
(One teaches **them**)
They are taught the alphabet from the age of three.

Exercise 9

Translate the following, using **on**:

1 I was promised a salary rise.
2 We were forbidden to cross the frontier.
3 He was told to call the police station.
4 Were you (**vous**) given a glass of champagne?
5 What were they told (use **raconter**)?

Text 2

France may be the country of **la gastronomie,** *but if a restaurant lets you down, what can you do? Text 2 tells you more.*

Exercise 10

Les affirmations suivantes sont-elles vraies ou fausses? En lisant le texte pour les vérifier, trouvez l'équivalent aux expressions soulignées:

1 A restaurant owner can <u>refuse you entry</u> for any reason.
2 You have to <u>leave your coat in the cloakroom</u> if a restaurant is <u>crowded</u>.
3 All restaurants must <u>display</u> menus both outside and inside the restaurant.
4 If <u>you don't like a dish,</u> the restaurant has to change it, but you may still have <u>to pay the bill</u>.
5 If your wine is <u>corked</u>, the restaurant has to change it.
6 If you suffer from <u>food-poisoning</u> as a result of a restaurant meal, you should be <u>compensated</u>.
7 If a waiter <u>spills</u> food over your clothes, you can claim <u>the costs of dry-cleaning.</u>

Vocabulary ♦

abuser	to take advantage
rester vigilant	to be on your guard
les mœurs (f)	morals or manners
passible d'une peine de prison	punishable by a prison sentence
compris	included
le poêlon de six escargots	the dish of six snails
indigeste	indigestible

> La France est le pays de la gastronomie: si dans aucune autre nation on ne concocte aussi bien le bœuf carottes, le foie gras, le cassoulet ou le savarin, il arrive que les restaurateurs 'abusent'. Le client doit veiller à ne pas se faire 'avoir' . . . Voici quelques conseils pour rester vigilant dans les établissements gastronomiques.
>
> Mise en situation: vous réservez deux places dans un grand restaurant parisien, vous arrivez devant l'établissement, bien à l'heure, mais en vous voyant, le restaurateur vous refuse l'accès, pour un motif raciste

(religion, race, état de santé, mœurs . . .). Sachez qu'il se met dans l'illégalité: il est passible d'une peine de prison.

Vous entrez dans la salle déjà bondée où une table vous attend. Vous refusez de déposer votre manteau au vestiaire, vous en avez le droit.

Si aucun menu n'est affiché à l'intérieur et à l'extérieur du restaurant, c'est un mauvais point pour l'établissement: l'affichage est obligatoire 'pendant toute la durée du service' et le menu doit clairement indiquer si les boissons sont comprises ou non.

Vous appréciez le foie gras de canard mais le poêlon de six escargots au beurre d'ail n'est pas chaud: vous pouvez le faire remplacer si vous le souhaitez.

Un plat ne vous convient pas? Le restaurateur est libre de le reprendre ou non. S'il refuse, vous devrez tout de même payer la note.

Le vin est 'bouchonné'? Changez-le. Prenez une carafe d'eau, c'est gratuit.

Le plateau de fromages est indigeste: le client, victime d'une intoxication, doit être dédommagé.

Soudain, le serveur fait tomber un pot de mayonnaise sur votre plus joli pantalon: ne vous inquiétez pas, les frais de teinturier sont à la charge du restaurant.

La soirée ne s'est pas trop mal passée, non?

Source: © TF1.

Language points ♦

Did you notice?

1 **en vous voyant** is used in paragraph 2: how would you translate this phrase?
2 **faire + infinitive** is used in **vous pouvez le faire remplacer** and **Si le serveur fait tomber un pot de mayonnaise sur votre plus joli pantalon**: translate these phrases.
3 Now go back to the first paragraph and the sentence: **Le client doit veiller à ne pas se faire avoir**. What do you think this expression **se faire avoir** means?

Dialogue 2

Usually, eating out is a pleasure, but not in our next recording. When Roger and Cécile went out for a meal, things went wrong from the beginning.

Exercise 11   2 > 7

Listen to the dialogue. Note down the five things that go wrong.

MDH	Bonsoir Madame, bonsoir Monsieur. Avez-vous réservé?
ROGER	Oui, au nom de Gérard. Une table pour deux personnes.
MDH	Un instant s'il vous plaît. Votre réservation, quand l'avez-vous faite?
ROGER	Par téléphone, lundi dernier.
MDH	Je suis vraiment désolée, Monsieur, mais nous n'avons pas votre réservation. Excusez-nous, mais comme vous voyez, la salle est bondée pour l'instant. Si vous voulez revenir dans une quinzaine de minutes, votre table sera prête.
ROGER	C'est embêtant . . . d'accord, nous reviendrons donc à huit heures et quart.
MDH	Très bien, Monsieur. Veuillez nous excuser pour ce contre-temps.

Un peu plus tard, Roger et Cécile sont installés à leur table.

SERVEUR	Bonsoir Monsieur Dame. Désirez-vous un apéritif?
ROGER	Oui, pour Madame, un kir et pour moi-même, un Martini.
SERVEUR	Merci. *Le serveur revient avec les boissons.* Voilà: deux kirs.
ROGER	Mais nous n'avons commandé qu'un kir: un kir et un Martini!
SERVEUR	Excusez-moi, Monsieur, j'ai dû me tromper. Je suis désolé. Votre Martini, je vous l'apporte tout de suite.
ROGER	Et autre chose . . . Madame n'a pas de couteau.
SERVEUR	Désolé . . . Je vous en apporte un tout de suite.

Roger et Cécile font leur choix. Le serveur revient . . .

SERVEUR   Madame, vous avez fait votre choix?
CÉCILE   Qu'est-ce que c'est la salade paysanne?
SERVEUR   C'est une salade composée, avec de la charcuterie.
CÉCILE   Pourriez-vous me la faire sans charcuterie? Je ne mange pas
          de viande.
SERVEUR   Bien sûr, Madame. Une simple assiette de crudités, alors?
CÉCILE   Parfait, et comme plat principal, je prends le saumon.
SERVEUR   Et pour Monsieur?
ROGER   Je prends les escargots et puis, le filet de bœuf.
SERVEUR   Quelle cuisson, Monsieur?
ROGER   A point, s'il vous plaît.
SERVEUR   Et comme boisson?
ROGER   Une bouteille de Saint-Émilion et une carafe d'eau.

Dix minutes plus tard, le serveur revient avec les entrées.

SERVEUR   Pour Madame . . . la salade . . .
CÉCILE   Pardon, Monsieur. J'ai commandé une salade sans viande.
          Il y a du jambon dans cette salade.
SERVEUR   Effectivement . . . Je suis désolé Madame. On va vous la
          changer tout de suite . . .

*Malgré tous ces contretemps, le repas est excellent. A la fin du repas,
Cécile appelle le serveur.*

CÉCILE   Monsieur? . . . on pourrait avoir l'addition s'il vous plaît?
          Merci . . .

*Le serveur leur apporte l'addition et Roger l'étudie de près. Il fait revenir
à nouveau le serveur.*

ROGER   Monsieur, je crois qu'il y a une erreur là. D'abord vous avez
          compté un Martini et deux kirs alors qu'on n'en a eu qu'un!
          Puis vous nous faites payer une bouteille d'eau alors qu'on
          n'a eu qu'une simple carafe d'eau du robinet. Non, mais, il
          ne faut pas exagérer!
SERVEUR   Un instant s'il vous plaît, Monsieur . . . Effectivement, je vais
          refaire le calcul. Veuillez nous excuser, Monsieur.
CÉCILE   (*ironique*) Tu ne laisses pas de pourboire, chéri?

Vocabulary ♦

commander	to order (food)
une salade composée	a mixed salad
le saumon	the salmon
la cuisson	*lit.* the cooking
saignant	rare
à point	medium rare
comme boisson?	what would you like to drink?
boire (v), **la boisson**	to drink, drink
l'eau du robinet	tap water
(re)faire le calcul	to add up (again)
un pourboire	a tip

Language points ♦

Requesting, apologising, complaining

As we noted in Unit 4, the conditional forms of the verb **pouvoir** are particularly useful for making polite requests:

Pourriez-vous me la faire sans charcuterie?
Could you make it for me without the cold meats?

On pourrait avoir l'addition, s'il vous plaît?
Could we have the bill please?

As for apologising, the key phrases are **Excusez-moi** and **Je suis désolé**.

Je suis désolé de vous avoir fait attendre.
I'm sorry to have kept you waiting.

For more formal apologies use **Veuillez** or **Je vous prie de**:

Veuillez nous excuser	**pour ce contretemps.**
Je vous prie de nous excuser	**pour ce malentendu.**
Please excuse us for	this mix-up / this misunderstanding.

To highlight a mistake or a problem politely, you can say **je crois qu'il y a une erreur**. To acknowledge an error, you can say first **effectivement** ('yes, there is / yes, indeed') and then:

J'ai dû me tromper.
I must have made a mistake.

It's always as well, when complaining, to stick to setting out the facts, as Cécile and Roger do, but if you must express your irritation, then you can use the following:

C'est embêtant!
That's annoying!

Il ne faut pas exagérer!
That's going too far!

Finally, where politeness is essential, don't forget to use **Monsieur** and **Madame!**

Did you notice?

1 Why is there an extra **e** on the past participle in: 'Votre réservation, quand l'avez-vous **faite**?

2 In dialogue 2, you may have noticed that in some phrases, two object pronouns are used together, e.g. 'Je <u>vous l'</u>apporte tout de suite.' 'Pourriez-vous <u>me la</u> faire sans charcuterie?' 'On va <u>vous la</u> changer tout de suite.' Object pronouns are placed in front of the verb in a given order: **me, te, se, nous, vous > le, la, les > lui, leur > y > en**. For more, see Grammar reference, pp. 228–9.

3 You may also have noticed the little pronoun **en**. The waiter says: 'Je vous <u>en</u> apporte un tout de suite' and then Roger says 'vous avez compté ... deux kirs alors qu'on n'<u>en</u> a eu qu'un!' What does **en** refer back to in the waiter's speech? What does it refer back to in Roger's example?

Bilan

1 Translate the following signs into French:
 a Smoking is forbidden in the bedrooms
 b Out of order: no entry
 c No parking
 d We apologise for this delay

2 Write three sentences comparing countries that you know well.

3 What would you say in the following situations:

    a You are late for an appointment with a French colleague. You apologise for keeping him waiting.

    b You think there's a mistake in your bill at a hotel. Explain that you are being charged for three phone calls whereas in fact you only made one call.

    c You are eating out in France with a friend who is vegetarian. Explain this to the waiter. Say she will have a mixed salad and ask if they could make her an omelette.

    d You explain to French-speaking guests that in an English pub, you have to order drinks at the bar and that alcoholic drinks are not allowed after 11 o'clock at night.

4 How would you say the following in French?

    a Please extinguish your cigarette, sir.

    b We would ask you to observe these regulations.

    c I have been told to see (**m'adresser à**) the inspector.

8 A votre santé!

In this unit you can learn about:

- healthy eating
- how to use the present participle
- talking about your health
- using **se faire** + infinitive
- using **en** as a pronoun
- the articles **du**, **de la**, **des**, **la**, **les**

Le saviez-vous? ✦

As one of Europe's biggest food producers, France has been particularly concerned about the food scares of the 1990s: mad cow disease (**la maladie de la vache folle**) and foot-and-mouth disease (**la fièvre aphteuse**). A long-established system of food and drink labelling exists in France – one which emphasises tradition, quality and stringent checks on production methods. The **Label rouge**, for example, indicates goods produced under carefully controlled conditions, more stringent than those required by European law. It can be found on meat, seafood and dairy products, as well as fruit and vegetables. Meanwhile, organic foods (**des produits biologiques** or **bio**) carry the AB logo.

There has always been a strong link in France between particular foodstuffs and different regions of the country. The term used to refer to a locality in terms of its particular customs and products is **le terroir**. You will often see

produits du terroir ('local produce') advertised in markets. The term expresses local savoir-faire and tradition. The **appellation d'origine contrôlée** has long been used to designate wines produced from grapes from a specified region. Now the AOC symbol is being used for other foodstuffs, such as cheeses and sausage, which are typical of their region and only use regional ingredients.

Text 1

The text on pages 132–3 is about organic food and comes from a French government web site. Look at the questions below before reading it.

Exercise 1

1 Why do people choose to eat organic products? Here are some of the reasons given in the text:
  a une plus grande sécurité alimentaire
  b l'envie de trouver les saveurs authentiques
  c les consommateurs ont le souci de leur santé
  d la volonté de participer à la protection de l'environnement
  e la préservation de notre patrimoine naturel commun
  f j'entretiens ma forme et ma vitalité
  g retrouver le goût authentique des aliments
  h un engagement éthique
  i les consommateurs sont soucieux de la planète et souhaitent la protéger
  j notre qualité de vie est en jeu

2 Many of these reasons express the same idea. The text groups them under the three headings below. Decide which reasons (a–j) could come under which heading. Then check with the text:
  • Manger sain
  • Quête de goût authentique
  • Protéger la nature

3 All the following adjectives can apply to food. Which adjectives might be associated with organic food in particular?

sucré	sweet
salé	savoury
aigre	sour
succulent	juicy
plein de saveur	full of flavour
fade	bland
sans goût	tasteless
piquant	hot, spicy
sain	healthy
équilibré	balanced
naturel	natural

Pourquoi consomment-ils bio?

Qu'est-ce qui motive les consommateurs de produits bio, toujours plus nombreux? Indéniablement, l'engouement récemment constaté résulte de la recherche d'une plus grande sécurité alimentaire. Cependant, l'envie de trouver des saveurs authentiques ou encore la volonté de participer à la protection de l'environnement influent sur la décision d'achat.

Manger sain

Principale motivation d'achat des consommateurs de produits bio: le souci de leur santé. Ils aspirent à une alimentation saine, naturelle et équilibrée.

'En mangeant bio, j'entretiens ma forme et ma vitalité grâce à la richesse naturelle des produits proposés. J'ai commencé à acheter des produits bio lorsque j'ai eu un enfant car je voulais lui donner ce qu'il y a de meilleur pour sa croissance. C'est maintenant devenu une habitude pour toute la famille. Pour nous, c'est avoir la garantie de manger sain.'

Quête de goût authentique

Autre préoccupation: retrouver le goût authentique des aliments, la saveur des céréales, fruits, légumes produits sans pesticides ni engrais chimiques, des viandes provenant d'élevages où les animaux ont accès au plein air et bénéficient d'une alimentation naturelle, des produits préparés sans arômes artificiels . . .

'Avec les produits bio, je retrouve, comme dans mon jardin, le vrai goût des fruits et des légumes cultivés en respectant le rythme des saisons et cueillis à maturité. J'ai découvert les produits bio un peu par hasard, sur un marché alors que j'étais en vacances. Depuis, j'y ai pris goût. J'ai vraiment fait la différence lorsque j'ai mangé du poulet biologique. Sa chair était ferme et pleine de saveur.'

Protéger la nature

Consommer bio correspond également pour certains à un engagement éthique. Ces consommateurs citoyens sont soucieux de leur planète et souhaitent la protéger.

'L'agriculture biologique, c'est moins de produits chimiques, moins de nitrates dans notre sol, dans les nappes phréatiques . . . C'est notre qualité de vie qui est en jeu. En achetant bio, je participe à ma façon à la préservation de notre patrimoine naturel commun. Si nous sommes de plus en plus nombreux à faire ce choix, nos enfants vivront dans une société en harmonie avec l'environnement.'

Source: <http://www.agriculture.gouv.fr> © Ministère de l'agriculture.

Vocabulary ♦

indéniablement	undoutedly
l'engouement (m)	the enthusiasm
récemment constaté	recently noticed
résulter de	to be the result of
une saveur	a flavour
la volonté	the wish, the desire
la décision d'achat	the decision to buy
le souci	the concern
être soucieux de	to be concerned about
entretenir sa forme	to keep fit
ce qu'il y a de meilleur	what's best
la croissance	growth
les engrais (m) chimiques	artificial fertilisers
provenant de	coming from
provenir de*	to come from
un élevage	a farm
élever*	to rear
avoir accès au plein air	to be free-range
élevé en plein air*	free-range
sans arômes (m) artificiels	without artificial flavours
cueilli à maturité	picked / harvested when ripe
par hasard	by chance
prendre goût à	to develop a taste for
la chair	the flesh; here: the meat
un engagement	a commitment
s'engager à*	to commit oneself to, to get involved in
le sol	the earth, the soil, the ground
les nappes (f) phréatiques	the water table
le patrimoine	heritage, inheritance

(*not in text)

Language points ♦

The present participle

The present participle is the form of the verb ending in -ant. It is often used as an alternative to a relative clause with qui.

des viandes, <u>provenant</u> / <u>qui proviennent</u> d'élevages où les animaux ont accès au plein air

meat, coming / which comes from farms where the animals are free-range

la fiche descriptive du gîte rural, <u>indiquant</u> / <u>qui indiquera</u> le prix
the description of the gîte, **indicating** / **which will indicate** the price

The present participle is also used with **en** to express the idea of 'on' / 'by' / 'through' / 'at the same time as' doing something:

<u>En achetant</u> bio, j'entretiens ma forme et ma vitalité.
By buying organic food, I keep fit and healthy.

In English, we often use a verb clause or a noun to express this:

<u>En montant</u>, on a remarqué qu'un des voyants s'allumait.
As we went up the hill, we noticed one of the warning lights kept coming on.

le vrai goût des fruits et des légumes cultivés <u>en respectant</u> le rythme des saisons ...
the real taste of fruit and vegetables cultivated **with respect for** / **according to** the rhythm of the seasons

Note: for the forms of the present participle, see Grammar reference, p. 221.

Exercise 2

Translate the following using the present participle:

1 Organic farming seeks to protect the environment, for example by avoiding artificial fertilisers.
2 By growing my own vegetables, I try to ensure healthy food for my family.
3 On arriving in Mauzevin, I went straight to the market to buy some local produce.
4 By recycling bottles and cardboard, I believe I'm contributing in my own way to the protection of the environment.

Exercise 3 2$2

Change the verb phrase underlined into a present participle:

1 A Mimizan, il y avait beaucoup de petits magasins <u>qui vendaient</u> des produits du terroir.
2 Des conserves <u>qui ne contiennent pas</u> d'arômes artificiels se trouvent dans la plupart des supermarchés.
3 Les artichauts <u>qui proviennent</u> de la ferme biologique ont un meilleur goût, à mon avis, que ceux que j'ai achetés hier.

Des produits bio au marché.
Photo: Paul Slater.

Text 2

Sleep (**le sommeil**) *is essential to good health, but most of us have problems getting to sleep from time to time. What can we do about it? In Text 2, you can read the discussion from an Internet forum.*

Exercise 4

Répondez en français aux questions suivantes:

1 Parmi les messages du forum, lesquels donnent des conseils?
2 Résumez les conseils donnés: lesquels suivriez-vous si vous souffriez de troubles du sommeil?
3 Pourquoi le dernier correspondant (F) se dit avoir de la chance?
4 Avez-vous jamais souffert de troubles du sommeil? Quels étaient vos 'trucs'?

A J'ai beaucoup de difficultés à m'endormir. Je trouve le sommeil, mais il me faut au moins une heure. Je me demandais s'il n'existait pas de petits trucs pour s'endormir plus vite.

B Bonjour. Je suis comme toi, je n'arrive pas à m'endormir. J'en suis aux somnifères, car je n'en peux plus. Je n'ai toujours pas de truc miracle. Je veux bien essayer toutes les méthodes s'il en existe vraiment. Bon courage!

C Salut, j'ai le même problème, je fais six fois le tour du lit avant de m'endormir, donc si qq'un a une solution je suis intéréssé aussi!

D Bonjour, je vis avec ce problème pour m'endormir depuis des années. Il est évident que si l'on a des soucis avant de dormir, les pensées et les questions passent et repassent dans notre tête. Ce que je fais c'est d'abord un tout petit peu d'exercice pour me fatiguer puis je lis un livre jusqu'à ne plus pouvoir garder mes yeux ouverts. Ainsi je me fatigue intellectuellement et physiquement. Je m'endors ainsi assez rapidement.

E   Il se vend en pharmacie en vente libre des comprimés qui se nomment *Sombien*. J'en ai parlé à mon médecin et il m'a dit qu'il n'y avait aucun problème à les prendre, même régulièrement. Bonne chance!

F   J'ai ce problème de sommeil depuis des années. Je n'ai pas de solution miracle, mais je pense qu'une bonne hygiène de vie, un peu d'exercice physique et intellectuel peuvent régler un peu le problème. Moi aussi je prends un somnifère qui ne m'endort pas immédiatement mais qui m'aide cependant à me reposer la nuit. Un lait chaud sucré le soir peut favoriser la venue du sommeil. J'ai la chance de pouvoir récupérer le matin, après le petit déjeuner. Là, je dors très bien en faisant des rêves.

Vocabulary ♦

s'endormir	to fall asleep
endormir	to send to sleep
un truc	a tip, a trick
faire le tour de	to go around
avoir des soucis (m)	to be worried, concerned
les pensées (f)	thoughts
faire de l'exercice (m)	to do some exercise
régler un problème	to solve a problem
faire des rêves (m)	to dream

Exercise 5   252

How might the following be translated?

a   Je trouve le sommeil
b   les somnifères
c   se fatiguer
d   des comprimés

e   une solution miracle
f   une bonne hygiène de vie
g   favoriser la venue du sommeil
h   récupérer

Language points ◆

Talking about health

To say what's wrong with you, you'll probably need to use **avoir**:

J'ai la grippe / un rhume.
I've got 'flu / a cold.

J'ai de la fièvre.
I've got a temperature.

J'ai mal au cou / à la cheville / aux bras.
My neck / ankle / arms ache.

J'ai des douleurs dans le ventre.
I've got pains in my stomach.

J'ai des courbatures dans les jambes.
I've got stiff legs.

J'ai un problème au niveau du genou / de l'épaule.
I've got a problem with my knee / with my shoulder.

J'ai des difficultés à m'endormir / avaler.
I'm having difficulties getting to sleep / swallowing.

Quite a few other verbs for talking about your health are reflexive:

se faire mal à la jambe
to hurt one's leg

se casser la jambe
to break one's leg

se remettre d'une grippe
to recover from 'flu

se reposer
to rest

se sentir bien
to feel well

se faire + infinitive

If you refer to an action which someone else does 'to you', then you may need to use **se faire** + infinitive:

se faire opérer
to have an operation

je vais me faire opérer d'un rein
I'm going to have a kidney operation

se faire vacciner contre
to be vaccinated against

elle s'est fait vacciner contre la variole
she's been vaccinated against smallpox

This construction is also used in the expression **Je vais me faire couper les cheveux** – 'I'm going to have my hair cut'. It works in exactly the same way as **faire** + infinitive (Unit 7). The reflexive pronoun simply emphasises that something was done 'to me', 'to you', 'to him', etc.

Exercise 6 253

You're in France with two friends, Sally and Tony. Unfortunately, the day you are due to visit some French friends, you all find yourselves unwell. Sally has got a stiff back and pains in her legs. Tony hurt his arm while playing tennis. You've got a bad cold. You've got a headache and you think you've got a temperature. It can't be 'flu because you were vaccinated against 'flu in November, but you don't feel at all well. You phone your French friends to explain. What do you say?

Use of the pronoun en

Je veux bien essayer toutes les méthodes s'il <u>en</u> existe vraiment.
I'm happy to try all methods, if there really are **any**.

J'<u>en</u> ai parlé à mon médecin.
I've talked **about it / them** to my doctor.

En here is an indirect object pronoun: it replaces an element already mentioned, preceded by **du, de la, des** or **de**.

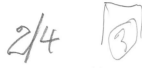

Je veux bien essayer toutes les méthodes, s'il existe vraiment <u>des méthodes.</u>

J'ai parlé <u>de ces comprimés</u> à mon médecin.

En is also used when specifying a number of something:

– Voulez-vous des cachets pour votre mal de tête?

– Oui, je veux bien. Je vais en prendre <u>deux</u>.

And **en** is also used in idiomatic expressions where its reference is sometimes unclear. Thus, **j'en suis aux somnifères** means something like 'I've now **got to the stage** of taking sleeping pills'. Here are some of the other frequently used phrases with **en**:

ne plus en pouvoir	je n'en peux plus	I can't go on any more
en avoir assez	j'en ai assez	I've had enough
en avoir marre	j'en ai marre	I'm fed up
en être à	j'en suis à la page 4	I'm up to page 4
s'en aller	je m'en vais demain	I'm off tomorrow
en revenir	je n'en reviens pas!	I can't believe my eyes
en vouloir à	Ne m'en veux pas!	Don't get upset with me

Exercise 7

Put **en** in the correct position in each second sentence. Then note down what it refers to.

a J'ai pris des somnifères. A vrai dire, j'ai pris six.
b Il va parler de l'homéopathie. Il parle depuis quinze ans.
c Elle cherche son dictionnaire médical. Elle a besoin.
d J'ai mangé plusieurs fois du poulet bio. J'ai mangé chez Yan hier.
e Nous avons bu beaucoup de ce vin. Nous avons bu trois bouteilles.

Dialogue 1 🔊

Cécile Gérard is having problems sleeping. She consults her local pharmacist who suggests some herbal remedies (**des produits phyto-thérapeutiques**).

Exercise 8   2/2   253

Les affirmations suivantes sont elles vraies ou fausses? Écoutez le dialogue et justifiez vos réponses en français:

1 Cécile souffre d'insomnie depuis longtemps.
2 Les somnifères se vendent uniquement sur ordonnance.
3 Le pharmacien lui conseille des gélules et une tisane.
4 Cécile peut prendre ces gélules à volonté.
5 L'huile essentielle peut se mettre dans le bain.
6 Le tilleul est préconisé en cas d'insomnie.

PHARMACIEN	Bonjour Madame.
CÉCILE	Bonjour Monsieur . . . je voudrais quelque chose pour m'aider à m'endormir. J'ai du mal à dormir, et je me réveille en pleine nuit.
PHARMACIEN	Prenez-vous d'autres médicaments?
CÉCILE	Non.
PHARMACIEN	Est-ce que c'est un problème récent ou chronique?
CÉCILE	C'est assez récent. En fait, je travaille beaucoup en ce moment et j'avoue que j'ai du mal à me reposer le soir.
PHARMACIEN	Vous savez, n'est-ce pas, que je ne peux pas vous donner de somnifères sans ordonnance?
CÉCILE	Oui, oui, bien sûr.
PHARMACIEN	Mais il y a des produits phytothérapeutiques qui sont préconisés en cas d'insomnie et qui pourraient vous aider à vous reposer. Alors, nous avons ceci . . . il s'agit de gélules qui sont faciles à avaler avec un verre d'eau. Celles-ci contiennent de la valériane et de la passiflore. Vous en prenez deux juste avant le dîner.
CÉCILE	D'accord . . .

PHARMACIEN	N'en prenez pas plus, parce que la valériane a un effet soporifique assez fort, hein. Et puis, en aromathérapie, je vous conseillerais de l'huile essentielle de lavande. La lavande est bien connue pour favoriser le sommeil. Vous en mettez cinq gouttes dans un bain chaud.
CÉCILE	D'accord . . . et pourriez-vous me conseiller une tisane à prendre le soir?
PHARMACIEN	Oui, bien sûr. Alors celle-ci est composée essentielle-ment de tilleul – excellent pour les troubles du sommeil.
CÉCILE	Très bien. Et c'est combien?
PHARMACIEN	Si vous voulez passer à la caisse . . . Alors en tout, ça vous fait . . . vingt-sept euros.
CÉCILE	Voilà . . . Merci. Au revoir Monsieur.
PHARMACIEN	Au revoir, Madame.

Vocabulary ◆

un médicament	a medicine
avouer	to admit
un somnifère	a sleeping pill
une ordonnance	a prescription
la phytothérapie	herbal medicine
préconisé	recommended
préconiser*	to recommend
la valériane	valerian
la passiflore	passion flower
un effet soporifique	a soporific (sleep-inducing) effect
l'huile essentielle	essential oil
la lavande	lavender
une goutte	a drop
une gélule	a capsule
une tisane	a herbal tea
le tilleul	lime-blossom

(*not in text)

Language points ♦

Using articles du, de la, des, and le, la, les

Du, de la and **des** are the forms of the partitive article (sometimes **des** is also referred to as the indefinite plural article). The partitive article allows you to refer to some unspecified amount or existence of something. Thus the pharmacist uses **des** to explain that herbal products exist for insomnia:

Il y a <u>des</u> produits phytothérapeutiques.
There are herbal products.

Le, la and **les** are the forms of the definite article. They are used to refer to something as a class, or a single entity, or to specific examples of something. For example, the pharmacist might say:

<u>Les</u> produits phytothérapeutiques se vendent bien.
Herbal products (as a class) sell well.

Or Cécile might have said, referring to specific products:

Je vais prendre <u>la</u> tisane, mais pas <u>les</u> gélules.
I'll have **the** tisane, but not **the** capsules.

But when the pharmacist explains that the capsules contain valerian and passion flower, he uses the partitive article:

Celles-ci contiennent <u>de la</u> valériane et <u>de la</u> passiflore.
These ones contain (some) valerian and passion flower.

Then referring to valerian as a single entity, he uses **la**:

<u>La</u> valériane a un effet soporifique assez fort.
Valerian has a strong sedative effect.

Similarly, he uses **de l'** when advising Cécile to get 'some' lavender oil, but **la** when talking about lavender as a single entity:

Je vous conseillerais <u>de</u> l'huile essentielle de lavande. <u>La</u> lavande est bien connue pour favoriser le sommeil.
I'd advise you (to take) **some** lavender oil. Lavender is well known to help you sleep.

After a negative and where the idea of 'any' is expressed, the partitive article changes to **de**:

Je ne peux pas vous donner <u>de</u> somnifères.
I can't give you **any** sleeping pills.

Further, **du, de la** and **des** 'disappear' after the preposition **de**. As you can see below, the preposition **de** often appears in expressions of quantity and after certain verbs:

Il faut boire ~~du~~ lait.
You should drink **some** milk.

Il faut boire un verre de + ~~du~~ lait.
You should drink a glass of milk.

Ce sont des gélules.
They are capsules.

Il s'agit de ~~des~~ gélules. (Il s'agit is always followed by **de.)**
In this case, it's capsules.

Exercise 9   253

Fill in the gaps with **du, de l', de la, des, de** or nothing.

1 J'ai besoin de _____ pastilles pour la gorge.
2 Je vous conseille de prendre deux cuillerées de _____ sirop.
3 Il faut boire _____ eau et beaucoup de _____ boissons chaudes.
4 Pour guérir d'une grippe, il faut prendre _____ antibiotiques.
5 Je ne veux pas prendre _____ somnifères.
6 J'ai acheté trois boîtes de _____ tisanes.
7 Les Français consomment énormément de _____ médicaments.
8 Ce produit est composé de _____ thym et de _____ menthe.
9 Ce produit contient _____ tilleul et _____ menthe.
10 Je ne mange pas _____ viande: je suis végétarien.

Bilan

1 On holiday in France, your seven-year-old niece complains that her throat hurts. She doesn't have a temperature and she isn't coughing (**elle ne tousse pas**). You decide to go to the pharmacy. Complete the following dialogue:

PHARMACIEN	Bonjour Madame.
YOU	Bonjour Monsieur. Je cherche quelque chose pour ma nièce. *Explain the basic problem.*
PHARMACIEN	Est-ce qu'elle a de la fièvre?
YOU	*Explain.*
PHARMACIEN	Est-ce qu'elle tousse?
YOU	*Explain.*
PHARMACIEN	Et quel âge a-t-elle?
YOU	*Explain.*
PHARMACIEN	Alors je vais vous donner de petits comprimés à mettre sous la langue. Puisqu'elle n'a pas de fièvre, ce n'est rien de grave . . .
YOU	*Ask how many she should take in a day.*
PHARMACIEN	Elle doit se limiter à quatre par jour.
YOU	*Say thank you and ask how much it is.*
PHARMACIEN	Ça fait 6€.

2 Write a message for an on-line forum in answer to the question: **Comment se déstresser à la fin de la journée?** Use **en** + present participle in your answer, e.g. **Je me déstresse en écoutant la radio.** Here are some other ideas you could use: **lire un bon roman au lit, faire un peu d'exercice physique, boire une tisane de verveine, prendre un bain chaud.**

3 In the following text on healthy products, fill in the gaps with **la, des, de la, de, le, les, en** or nothing.

_____ menthe possède des vertus digestives. Prenez _____ tisanes composées de _____ menthe et de _____ verveine à la fin d'un repas. _____ lavande est excellente pour se décontracter. Je mets _____ lavande dans mon bain. Par contre, _____ chocolat est un stimulant. Ne mangez pas _____ chocolat le soir. Et bien sûr _____ fruits et _____ légumes sont importants pour la santé. Mangez-_____ au moins cinq portions par jour.

9 Communiquer, s'exprimer

In this unit you can learn about:

▶ the press, the media and the internet in France
▶ forming and using adverbs
▶ using the subjunctive
▶ views on the traffic problems of Paris
▶ using the conditional and **si** to present hypothetical ideas

Le saviez-vous? ◆

The French read fewer daily newspapers (**des quotidiens**) but more magazines (**des revues, des magazines**) than the British. The big three quality dailies are *Le Monde, Le Figaro* and *Libération* while the popular dailies are *Le Parisien-Aujourd'hui* and *France-Soir*.

Photo: Paul Slater.

The daily paper with the highest circulation is in fact *Ouest-France*, a regional newspaper. Weekly magazines (**les hebdomadaires**) are popular in France: *Paris Match*, *Figaro Magazine* and **les news-magazines** (*Le Nouvel Observateur, Le Point* and *L'Express*) are widely read, as are **la presse féminine** and **les revues de loisirs** ('lifestyle magazines').

In France, as elsewhere, **le paysage audio-visuel** (the state of the broadcast media) is currently in a state of flux. The French state monopoly ended in 1982 and broadcasting is now regulated by an independent body, **le Conseil supérieur de l'audiovisuel (le CSA)**. There are over thirty TV channels: apart from numerous satellite and cable channels (**des chaînes satellite, des chaînes câblées**) there are seven terrestrial channels (**des chaînes herztiennes**). *France 2*, *France 3*, *La Cinquième* and *Arte*, a collaboration with German TV, are state owned. The commercial channels are *TF1*, privatised in 1986, the subscription channel *Canal+* (**une chaîne cryptée**) which broadcasts films, and *M6*, which aims at a younger audience. The main national radio stations are *France-Inter* and *France-Info*, with *Europe 1* and *RTL* being strong commercial competitors.

The French were initially slow to take up the internet, perhaps because of **Le Minitel**, an innovative electronic network of information services for France set up in the mid-1980s and initially provided free of charge to telephone subscribers. Nevertheless, the number of francophone internet users (**des internautes**) is increasing, as is the number of francophone sites. A strong francophone presence is of course provided by sites based in francophone Canada and other francophone countries.

Text 1

L'internet francophone

Même si la langue française n'est encore utilisée que dans environ 1,5% des sites Web (on en compte aujourd'hui une dizaine de millions), elle se diffuse rapidement dans cet espace de connaissances largement anglophone. En France, une population de plus en plus diversifiée est en train de s'approprier les multiples usages de ce nouvel outil de communication: en voici un bref tour d'horizon.

Les moteurs de recherche ou les collections d'adresses classées par thème forment les guides indispensables d'une recherche libre ou par centre d'intérêt. *Altavista* offre sans doute, aujourd'hui, l'une des possibilités de recherche par mots clés les plus puissantes du réseau. Côté négatif d'Altavista: le nombre de réponses obtenues écrase généralement de son poids l'internaute débutant.

Celui-ci sera plus à l'aise en consultant des sites regroupant des adresses classées par thème. *Nomade*, ou les déclinaisons françaises de *Yahoo* et *Lycos* permettent ainsi de trouver, sans peine, des sites consacrés aux philatélistes ou aux passionnés de hockey sur gazon.

Les sites d'actualités générales permettent d'accéder, à tout moment, aux nouvelles les plus fraîches. La presse française, avec quelque retard sur son homologue anglo-saxonne, investit peu à peu le secteur et présente d'ores et déjà d'utiles réalisations. A chacun ses petits « plus »: consultation du premier chapitre de livres récents pour *Libération,* possibilité (contre paiement) de télécharger quotidiennement l'intégralité du journal *le Monde,* etc.

Radio et télévision ne sont pas en reste, qui proposent des journaux à écouter ou à regarder sans difficulté n'importe où dans le monde. Le dernier flash de *France-Info*, les journaux polyglottes de *Radio France Internationale*, les informations régionales de *France 3*, tout cela est désormais accessible en quelques clics de souris.

Source: Étienne Cazin, Label France, <http://www.diplomatie.gouv.fr>.

Exercise 1 *2st*

Scan the text to find expressions which mean:

a   English speaking
b   search engine
c   organised by topic
d   key words
e   the network
f   internet user
g   the latest news
h   to download
i   accessible
j   in a few mouse clicks

Exercise 2 254

Répondez en français aux questions suivantes:

1 Quel est le pourcentage de sites Web francophones?
2 Quel est, selon l'article, l'avantage des sites offerts par *Yahoo*, *Lycos* ou *Nomade* par rapport au moteur de recherche proposé par *Alta Vista*?
3 Quel est le 'petit plus' proposé par *Libération*?
4 Peut-on maintenant lire en ligne le journal *Le Monde*?

Vocabulary ♦

cet espace de connaissances	this information space
connaître – connaissances (f)*	to know – knowledge
s'approprier	to take over; *here:* to get to know
un tour d'horizon	overview
un centre d'intérêt	a (topic of) interest
Quels sont vos centres d'intérêts?*	What are your interests?
regrouper	to bring together
écraser	to squash
les déclinaisons françaises	the French versions
consacré à	devoted to
les passionnés	fans
le hockey sur gazon	hockey (on grass)
disponible	available
son homologue anglophone	its English counterpart
investir	*here:* to occupy (an area)
d'ores et déjà	already
une réalisation	production
à chacun ses petits 'plus'	each one offers something extra
l'intégralité du journal	the whole paper
le dernier flash	the latest news flash
polyglotte	multilingual
désormais	from now on

(*not in text)

Exercise 3

Voici la page d'accueil de Yahoo France.

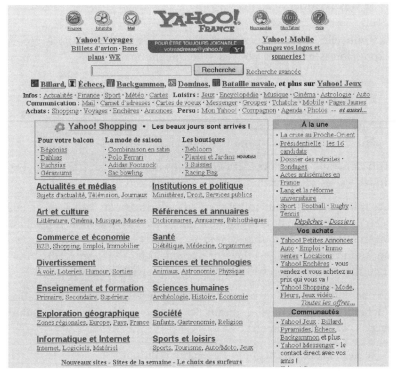

Source: © Yahoo France.

1 Ce site propose-t-il (a) un classement par thème? (b) une possibilité de recherche par mots clés? (c) les deux?

2 Que signifie les rubriques (a) A la une? (b) Communautés?

3 Où cliqueriez-vous (il y a souvent plusieurs possibilités!):

   a pour accéder au site de TF1?

   b pour trouver des recettes de cuisine?

   c pour savoir quel temps il fait à Nantes?

   d pour trouver un hôtel à Toulouse?

   e pour connaître les heures d'ouverture du Louvre?

   f pour vérifier un numéro de téléphone?

   g pour accéder aux horaires des trains en France?

Le mot juste **news**

You may have noticed in Text 1 that there are various expressions to refer to a news bulletin:

Je vais regarder / écouter **les nouvelles, les informations les actualités, le journal.**

Les nouvelles means 'news' generally, not just in the media. A useful expression is **avoir des nouvelles de quelqu'un:**

Avez-vous des nouvelles d'André?
Do you have any news from / Have you heard from André?

Non, je n'ai pas de ses nouvelles depuis longtemps.
No, I haven't heard from him for ages.

You can talk about **les dernières nouvelles** ('the latest news'). **Les nouvelles les plus fraîches** has the sense of 'recently updated'.

Les informations tends to refer specifically to 'media news'. You can refer to **un bulletin d'informations,** but never **un bulletin de nouvelles**. **Informations** is often abbreviated to **infos** (see for example, top left on Yahoo's home page). But if it's practical information you're after, then the French expression is usually **des renseignements.**

Les actualités seems to be used particularly for television news. But **l'actualité** in the singular means 'current events', while **d'actualité** means 'of current interest'.

Je m'intéresse beaucoup à l'actualité politique.
I'm interested in current political affairs.

Cette question n'est plus d'actualité.
This question is no longer of any interest.

Les titres de l'actualité are 'the news headlines'. Headlines are also referred to as **les gros titres** or by the expression **à la une**. Radio or TV news bulletins often start with the phrase: **A la une de ce journal** or **Les titres de ce journal** . . .

Le journal refers not only to a newspaper but also to any daily news broadcast on radio or television. **Le journal de 20h** – the main TV news where TF1 and FR2 are in stiff competition – is still a French institution, with around 16 million viewers!

Language points ♦

Did you notice?

1 In Text 1, **celui-ci** is used in '<u>Celui-ci</u> sera plus à l'aise en consultant des sites regroupant des adresses classées par thème': who or what does **Celui-ci** refer back to here?
2 Referring to the same sentence, how would you translate **en consultant** and why is there no **en** before **regroupant**?

Adverbs

Below are some of the adverbs from Text 1. Adverbs generally provide extra information in a sentence about the time, manner or location of the main event or idea.

Time

à tout moment	at all times
aujourd'hui	today
d'ores et déjà	already
désormais	from now on
encore	yet
quotidiennement	daily

Manner

de plus en plus	more and more
généralement	generally
largement	largely, quickly
peu à peu	little by little
rapidement	quickly
sans difficulté	easily
sans doute	no doubt
sans peine	effortlessly

In French, single-word adverbs can often be formed by adding **-ment** to an adjective: **rapide** → **rapidement**. Usually, it's the feminine form of the adjective which is used: **quotidienne** → **quotidiennement**. Sometimes an accent is added because of the way the word is pronounced: **énorme** → **énormément**. With adjectives ending in **-ant** or **-ent**, the adverb ending is **mment**: **fréquent** → **fréquemment** or **suffisant** → **suffisamment**.

Exercise 4   254

Find the following French adverbs, based on adjectives:

a   easily
b   cordially
c   deeply
d   completely
e   absolutely

f   precisely
g   apparently
h   recently
i   currently
j   happily (fortunately)

Text 2

Text 2 presents a selection of French magazines from the web site of an international subscriptions company.

Exercise 5   254

Before you read, check your understanding by matching the French expressions with their English translation:

1   des brèves
2   la rédaction *g*
3   des interviews (f) *e*
4   des enquêtes (f) *a*
5   des débats (m) *h*
6   des reportages (m) *c*
7   des conseils pratiques (m) *b*
8   des exemples concrets (m)
       f

a   features, investigative journalism
b   practical advice
c   special reports
d   brief news items, 'news in brief'
e   interviews
f   real examples
g   the editorial team
h   discussions

Vocabulary ◆

le tournage	the shooting, filming
tourner un film*	to shoot a film
un coup de cœur	*here:* a favourite (selection)
les prévisions (f) **de sortie**	news of new releases
une fiche	a card
une affiche	a poster
des exigences de proximité	the need to read about issues that they identify with
la vie de couple	relationships

le faire soi-même	do-it-yourself
s'ouvrir aux autres	to open up to other people
profiter de	to take advantage of, benefit from
une couverture	*here:* coverage
les marchés (m)	the (financial) markets
les valeurs (f)	*here:* stocks and shares, securities
l'agencement (m)	layout, arrangement,
se plonger dans	to dive into
l'aménagement (m)	conversion, layout
aménager une pièce en chambre*	to convert a room into a bedroom

(*not in text)

Avantages est le reflet d'une génération de jeunes femmes urbaines et actives qui attendent de leur magazine qu'il réponde à la fois à des exigences de proximité et à un besoin de plaisir. Vie de couple et de famille, faire soi-même, cuisine et conseils pratiques mais aussi mode, beauté et santé, car pour s'ouvrir aux autres il faut être bien dans sa tête et dans son corps.

Chaque mois, retrouvez dans **Première** l'agenda des films, les box-offices en France et aux U.S.A., les brèves sur les tournages français et américains, les coups de cœur de la rédaction, des interviews et reportages, les prévisions de sortie, les fiches cinéma et deux affiches de film.

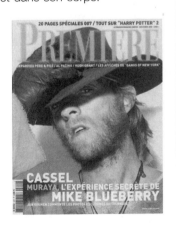

Phosphore: Cinéma, musique, loisirs, mais aussi toutes les questions sur les 15–25 ans et leur place dans la société. Le décryptage de l'actualité pour comprendre ce qui fait bouger le monde: économie, sciences, société, sport, à travers des enquêtes, des reportages et des débats.

Lire toutes les semaines **Investir Hebdo**, c'est profiter de l'expertise et des conseils du premier hebdomadaire financier français: une synthèse complète de l'actualité économique et financière; une couverture exhaustive des marchés; les conseils et les recommandations de la rédaction sur une centaine de valeurs.

Vous souhaitez tout changer chez vous? Agrandir, embellir, rénover, ou modifier l'agencement de certaines pièces? Plongez-vous dans **Maison Bricolage**! Vous y trouverez des exemples concrets d'aménagement, des plans, des conseils pratiques . . .

Exercise 6

1 Quelle revue choisiriez-vous pour les personnes suivantes? Justifiez votre choix.

    a Magali a dix-sept ans, elle est membre de SOS Racisme et s'intéresse à l'actualité politique.

    b Sa sœur, Marie-Christine, a vingt-trois ans. Elle a son propre appartement et travaille dans le marketing.

    c Sa mère, Claire, est passionnée du bricolage et adore refaire des pièces. Elle s'intéresse aussi à la cuisine.

    d Sa cousine Hélène est agent de change à la Bourse de Paris.

    e Son père, Jacques, est passionné du cinéma.

2 Si on vous offrait un abonnement à l'un de ces magazines français, lequel prendriez vous? Pourquoi?

3 Inventez votre propre magazine et écrivez-en la publicité.

Language points ◆

The subjunctive

The paragraph on *Avantages* refers to 'une génération de jeunes femmes ... qui **attendent** de leur magazine **qu'il réponde** ... à des exigences de proximité' ('a generation of young women ... who **expect** their magazine **to deal** ... with issues they identify with'). The verb form **réponde** is the present subjunctive form of **répondre**. It's triggered by the verb **attendre que** ... You may remember from Unit 3 that the verb **il faut que** ... is also followed by the subjunctive. Verbs which are followed by subjunctive forms express *feelings*, *wanting*, *requiring*, *wishing* and *recommending*.

    Note also that the subjunctive is used only when the subject in the main clause is different from the subject in the subordinate clause.

Il faut que	**vous remplaciez les bougies.**
It is necessary that	you replace the spark plugs.

Otherwise, an infinitive structure can be used:

Il faut	**remplacer les bougies.**

Here are some other typical verbs which take the subjunctive. In each example, the subjects in the two clauses are different:

Il vaudrait mieux qu'**il** s'en **aille** demain.
It would be better if **he went** off tomorrow.

Je propose que **nous** le **fassions** tout de suite
I suggest that **we do** it immediately.

Elle regrette que **vous** ne **puissiez** pas venir.
She's sorry that **you can't** come.

Je souhaite qu'**il parte** le plus tôt possible.
I wish **him to leave** as early as possible.

Voulez-vous que je vienne?
Do you want **me to come?**

Many phrases with être + an adjective express personal evaluations and emotions about actions or events, and they too can trigger a verb in the subjunctive:

Il est **important** que le gouvernement **prenne** des mesures.
It's important that the government **take** steps.

Je suis **contente** que vous **ayez trouvé** le site que vous cherchiez.
I'm pleased you **found** the site you were looking for.

Here are some of the phrases that trigger a subjunctive when they are followed by **que**:

il est **possible** (*possible*)	je suis **heureux** (*happy*)
il est **peu probable** (*unlikely*)	je suis **désolé** (*sorry*)
il est **incroyable** (*incredible*)	je suis **déçu** (*disappointed*)
il est **nécessaire** (*necessary*)	je suis **fâché** (*angry*)
il est **dommage** (*a pity*)	je suis **triste** (*sad*)

If you are referring to a past event in the subordinate clause, then you simply use a subjunctive form of the perfect tense:

TF1 **a supprimé** cette émission.
Je suis désolé que TF1 **ait supprimé** cette émission.

Vous **êtes parti** avant le débat entre les candidats présidentiels.
Il est dommage que vous **soyez parti** avant le débat.

Note: For the forms of the subjunctive, see Grammar reference, p. 223.

256

Exercise 7

Translate the following:

1 I expect the television news to inform me of political events.
2 We want journalists to pay more attention to international news.
3 Young people need to understand what's going on in the world.
4 It's possible that the paper may be obliged to close down.
5 My children want us to watch the film on Canal +.
6 I'm disappointed that they didn't broadcast this documentary.
7 It's possible that André could have got the date wrong.

Dialogue 1

Traffic news is important in Paris: this news flash warns Parisians to leave their cars at home on the coming weekend.

Exercise 8

Before you listen, check your understanding of key vocabulary:

1 des personnes handicapées d	a to demonstrate
2 appeler à la grève e	b a walk, a hike
3 le respect des droits syndicaux f	c Easter holidays
4 les vacances de Pâques c	d people with disabilities
5 une randonnée pédestre b	e to call out on strike
6 manifester a	f respect for union rights
7 se mobiliser i	g the employees
8 les salariés g	h a demonstration
9 pour la paix au Moyen Orient j	i to come out, to rally
10 une manifestation h	j for peace in the Middle East

Exercise 9

1 In the first part of this news flash, four reasons are given why
   you should leave your car at home this weekend: what are they?
2 From the second part, note down when, where and why three
   demonstrations are taking place. The following are mentioned: la
   place Fontenoy, l'avenue Foche, l'avenue des Champs-Elysées,
   l'Esplanade des Invalides, la place du Trocadéro . . .

Vocabulary ◆

le marathon de Paris	the Paris marathon
entraîner	to lead to, to bring about
d'importantes restrictions	significant restrictions
dans le sens des départs	*here:* heading out of Paris
le conflit	the dispute
porter sur	to be about
le treizième mois	holiday pay (thirteenth month)
interpeller	to address questions to
les candidats à l'élection présidentielle	the presidential election candidates
prendre des engagements publiques	to make public commitments

L'actualité pour la région parisienne à 17h

Mieux vaut laisser votre voiture au garage ce weekend. De multiples
manifestations vont paralyser la capitale. Ce samedi matin une
randonnée pédestre bloque la chaussée de la place Fontenoy à
l'avenue Foche. Le marathon de Paris, lui, a lieu ce dimanche. Cette
vingt-sixième édition va entraîner d'importantes restrictions de
circulation de huit heures et demie à quinze heures. Sachez aussi
qu'à l'occasion du deuxième weekend des vacances de Pâques,
ce samedi est classé orange* dans le sens des départs partout en
France.

Les salariés des magasins Virgin et du McDonald's des Champs-
Elysées sont appelés à la grève ce samedi. Le conflit porte sur les

salaires, le treizième mois et le respect des droits syndicaux. Une manifestation est prévue en bas de l'avenue des Champs-Elysées à partir de dix heures.

Ce samedi toujours mais vers quatorze heures, dix-huit associations de personnes handicapées doivent manifester sur l'Esplanade des Invalides. Elles veulent aussi interpeller les candidats à l'élection présidentielle et leur demander de prendre des engagements publics.

Enfin SOS Racisme appelle à se mobiliser ce lundi soir à Paris pour la paix au Moyen Orient et contre le racisme en France. Les manifestants sont invités à venir avec une bougie ou une fleur à dix-huit heures sur la place du Trocadéro.

*classé orange = designated a likely day for heavy traffic: see p. 39.

Source: <http://www.dioranews.com> © Dioranews

Text 3

Qu'est-ce qu'il faut faire pour améliorer le problème de la circulation en Île-de-France et tout particulièrement à Paris? *This was the focus of an Internet forum discussion.*

A Pour résoudre le problème de la circulation en Île-de-France, il faudrait d'abord se poser les bonnes questions! Pourquoi les Franciliens préfèrent-ils utiliser leur voiture? Parce que les transports en commun sont insuffisants (propreté, ponctualité, sécurité . . .). Donc, pour résoudre le problème de la circulation, ne faudrait-il pas améliorer les transports en commun? C'est-à-dire faire en sorte qu'ils soient propres, agréables, ponctuels et sécurisés. La solution n'est sûrement pas l'interdiction des voitures: journée sans voitures = ville morte.

B Il faut trouver des possibilités de parking, et peut-être revoir certaines règles de stationnement interdit. Une voiture qui tourne en rond pendant un long moment n'arrange pas les choses, alors plusieurs?

Éventuellement une espèce de tramway pourrait circuler tout le temps en centre-ville. Il serait gratuit! Personne n'a envie de se balader en plein centre-ville en voiture pour faire 50 mètres en une ½ heure. Il faut trouver un moyen efficace pour que les gens n'aient plus envie de prendre leur voiture à tout bout de champ.

C L'idée que ville sans voitures = ville morte est totalement erronée. Voici pourquoi. Les statistiques montrent effectivement que les journées sans voiture réduisent les chiffres d'affaires des commerçants: c'est indéniable. Mais ces personnes qui ne viennent pas ce jour-là reportent en fait leurs achats au lendemain. Si ce type d'expérience était prolongé on s'apercevrait alors que les gens finiraient par venir faire leurs achats. C'est juste une question d'habitude: devant l'interdiction de circuler, les automobilistes préfèrent la facilité de revenir le lendemain et en voiture.

Mais lors d'une expérience longue de ce type, on verrait que la perte de clientèle serait en fait peu importante. Deuxièmement, la perte de clientèle automobiliste serait compensée par l'augmentation de la clientèle non automobiliste pour qui l'absence de pollution, de bruit et le plus d'espace pour se promener seraient des attraits importants. Qu'on prenne le boulevard Saint-Germain, par exemple, je ne crois pas qu'il y aurait moins de consommateurs si on supprimait la circulation. Bien au contraire: les gens reviendraient consommer sur les terrasses aujourd'hui vides.

Source: <http://www.leparisien.fr> © *Le Parisien*.

Vocabulary ◆

le stationnement interdit	no parking zones
tourner en rond	to go round and round in circles
ça n'arrange pas les choses	it doesn't make things any better
se balader (*informal*)	to go around
efficace	efficient
à tout bout de champ	at every opportunity
les embouteillages (m)	traffic jams
supprimer	to get rid of

Exercise 10

1 In the text on pp. 161–2, two contributions mention the idea of implementing **une journée sans voitures**. One is against: one is for. What arguments are put forward in each case?
2 The other contribution puts forward some fairly imaginative solutions: what are they? Do you think they'd work?

Language points ♦

Using the conditional and **si** + the imperfect

The contributors to this web forum speculate about possible solutions, using *conditional* verb forms:

> Ne <u>faudrait</u>-il pas améliorer les transports en commun?
> Shouldn't public transport be improved?

> Une espèce de tramway <u>pourrait</u> circuler tout le temps en centre-ville. Il <u>serait</u> gratuit!
> A kind of tramway **could** circulate all the time around the city centre. It **would be** free!

But when you introduce a hypothetical situation using **si** ('if'), you have to use a verb in the *imperfect* tense:

> Si ce type d'expérience <u>était</u> prolongé, on s'apercevrait alors que les gens finiraient par venir faire leurs achats.
> If this type of experiment **were** continued, you'd see that people would end up coming back to do their shopping.

Note: For the forms of the conditional and imperfect, see Grammar reference, p. 219.

Exercise 11

First put the verb in brackets into the correct form, then match up the two parts of the sentences.

1 S'il y (avoir) moins de voitures,
2 Si le métro (être) moins cher et plus propre,

3 Si on (interdire) le centre de Paris aux voitures,
4 Si on (aménager) des couloirs réservés aux bus,
5 Si on (mettre) en place un meilleur réseau de pistes cyclables,

a il (falloir) aménager d'énormes parkings aux portes de la capitale.
b les Parisiens (s'en servir) plus souvent.
c les gens (faire) plus de vélo.
d il y (avoir) moins d'embouteillages.
e les bus (aller) plus vite et (être) plus fréquents.

More uses of the subjunctive

You may have noticed some more uses of the subjunctive in these contributions. In the first example, a subjunctive is used after the verb phrase **faire en sorte que** ('arrange things so that . . .')

faire en sorte que les transports en commun <u>soient</u> propres
arrange it so that public transport **is** clean

In the second example, the subjunctive is triggered by **pour que** ('so that, in order that'):

Il faut trouver un moyen efficace pour que les gens n'<u>aient</u> plus envie de prendre leur voiture.
We must find an efficient way so that people no longer **want** to take their car.

Note: Other conjunctions which trigger the subjunctive are given in the Grammar reference, p. 222.

In contribution C, the verb in the subjunctive simply occurs after **que**. This can often be translated by 'let' + verb:

<u>Qu</u>'on <u>prenne</u> le boulevard Saint-Germain . . .
Let's take the boulevard Saint-Germain . . .

You may remember this same structure being used to express greetings in Unit 1, where it is better translated as 'may' + verb:

<u>Que</u> cette année vous <u>apporte</u> bonheur et santé!
May this year **bring** you happiness and health.

Exercise 12

Put the verbs in brackets into the subjunctive:

1 Qu'on me (faire) des propositions! Je les étudierai toutes!
2 Le patron insiste pour que tu (aller) à la réunion.
3 Il faut construire d'énormes parkings pour que les gens (pouvoir) y laisser leur voiture.
4 Je suis déçu que tu (ne pas venir) à la manifestation hier.
5 Les salariés veulent que leurs droits syndicaux (être) respectés.
6 Il faut que les pouvoirs publics (mettre) en place un nouveau système pour règler le stationnement à Paris.
7 Elle propose que nous (se réunir) tous chez elle dimanche.

Bilan

1 Translate the following sentences:
   a Shouldn't we encourage young people to use the internet?
   b If I had a more powerful computer, that would make access to the internet easier.
   c Everybody needs to learn to use the internet.
   d It's impossible that daily newspapers would (ever) be replaced by web sites.
   e The government wants us to use public transport more.
   f If traffic were banned (use **on** and **interdire**) from town centres, there would be less pollution and more people would go to work on foot.

2 You were planning to meet a friend on the Champs-Elysées tomorrow (Saturday) morning. She'll be coming by car. You phone her to warn her about the demonstration, but she's not there. Write out the message you leave on her answerphone. Tell her about the demonstration and the likelihood of huge traffic jams and parking difficulties. Suggest she takes the train. Say you're in this evening if she wants to call you back.

3 Write five sentences about the different media you use in your daily life: e.g. 'Je lis un quotidien.' 'Je me sers de l'internet pour mon travail.' 'Je n'écoute jamais la radio.'

4 Find adverbs, based on the adjectives given, to fill the gaps:

   a (Contraire) _____ à la France, la presse nationale est assez importante en Angleterre.

   b (Heureux) _____ il n'y a pas eu d'embouteillages aujourd'hui.

   c (Évident) _____ les sociétés de presse ont beaucoup investi dans les nouvelles technologies.

8 Subjives — ponnction

10 Vive le sport!

In this unit you can learn about:

▶ the French and sport
▶ talking about fitness
▶ describing physical movement
▶ the origins of ice hockey
▶ using relative pronouns: **qui, que, dont, lequel**
▶ using the prepositions **de, à** + **en** in descriptions

Le saviez-vous? ♦

France hosts some of the world's major sporting events: the Tour de France cycle race, the 24 heures du Mans motor-racing, the Roland Garros tennis championship in Paris and international sailing races such as La Vendée Globe or Le Trophée Jules Vernes, to name but a few. Recently, international rugby (**le rugby**), football (**le football**) and athletics (**l'athlétisme**) have been given new momentum with the opening of a new national stadium in Paris. The Stade de France was built to host the 1998 Football World Cup, which the French national team went on to win, galvanising a nation not previously known for its obsession with **le foot**. The Stade de France now also hosts games in the Six Nations rugby tournament, which the French rugby team has won on several occasions. Both French national football and rugby teams are known as **les bleus** because of the colour of their shirts (**le maillot bleu**).

Apart from spectator sports, how **sportif** are the French? According to a recent survey from the Ministère de la Jeunesse et des Sports, 83% of those aged 15–75 do some sport, 48% fairly regularly. The top activities were walking (**la marche**), swimming (**la natation**) and cycling (**le vélo**). Organised sports like football and tennis (**le tennis**) were popular, but not as much as the more 'spontaneous' activities such as jogging (**le footing**), **la gymnastique**, which covers all kinds of physical work-out, and that quintessentially French game, **les boules**. And the motivation for doing sport? **La santé** and **le besoin d'exercice**: the French also particularly enjoy activities **en pleine nature**. Sport for many French people is about getting together with family and friends. As the survey found, '**le sport se pratique plutôt en groupe, principalement avec les membres de la famille et les amis.**'

Text 1

The French national football team may have had its triumphs in international competitions, but many of its players do not play for French clubs. Text 1 presents a selection of views on this issue from an Internet forum.

Exercice 1 257

Before you read, check that you understand the following expressions by matching the French with the English translation.

1	un joueur	a	the stadium
2	jouer à l'étranger	b	to win
3	un championnat	c	the blue shirt *(worn by French teams)*
4	un niveau supérieur	d	a higher level
5	une équipe	e	to pay taxes
6	gagner	f	a player
7	le maillot bleu	g	a team
8	payer des impôts	h	to play abroad
9	le stade	i	a championship

Exercice 2 257

1 Among the four contributions from the forum, find the two contributions which agree with each other. Note down the key point on which they agree.
2 One contributor suggests a reason why so many French players don't play for French clubs. What is it?
3 Identify the two contributions which disagree with each other. Note down the key point on which they disagree.

1 Si les joueurs français pouvaient rester jouer en France, le championnat de France aurait un niveau bien supérieur. Et des équipes comme Arsenal seraient en fait Bordeaux ou Monaco. Nous aurions tous les ans des équipes capables de gagner la Champions League.

2 Oui c'est sûr, imaginez le championnat de France avec Zidane, Henry, Trézéguet, Pires, Petit, Barthez et bien d'autres. Notre championnat aurait fière allure. Il n'y a qu'à compter le nombre de joueurs français jouant à l'étranger ... Imaginez Arsenal sans les Français, ils seraient bons, c'est sûr, mais un club français aurait une chance d'aller plus loin dans la Ligue des Champions.

3 Si les joueurs de l'équipe de France jouent à l'étranger c'est surtout pour les avantages qu'ils y trouvent. Le problème de la France c'est l'imposition. Les clubs payent des taxes incroyables, les impôts sont horriblement élevés. Si une loi favorisait les clubs, cela leur permettrait de conserver les meilleurs joueurs, nous aurions des clubs capables d'aller très loin en Coupe d'Europe. Le problème, ce n'est pas d'acheter les joueurs, mais c'est surtout leur rémunération. Quand il faut leur donner 2 millions par mois, plus autant à l'état, ça fait beaucoup pour un seul mec!

4 On ne va pas quand même faire une loi spéciale pour 25 ou 30 footballeurs professionnels qui gagnent 2 millions par mois!!! Ça me fait un peu marrer, les mecs qui défendent le maillot bleu mais qui jouent à l'étranger pour ne pas payer d'impôts, alors que les impôts sont nécessaires pour le pays (éducation, sécurité, Stade de France financé par l'état . . .)

Vocabulary ♦

avoir fière allure	to cut a fine figure, look good
il n'y a qu'à	all you have to do is
l'imposition (f)	taxation
favoriser	to help, to advantage
la rémunération	remuneration, payment
un mec *(informal)*	a guy
quand même	all the same
ça me fait marrer *(informal)*	it makes me laugh

Language points ♦

Did you notice?

1   How many verbs in the conditional can you find?
2   How many instances of an imperfect tense used after **si**?
3   Why do you think a present tense, not an imperfect tense, is used after **si** in contribution 3: 'Si les joueurs de l'équipe de France jouent à l'étranger . . .'?
4   In contribution 3, what does '**plus autant à l'état**' mean?
5   In contribution 3 – 'cela <u>leur</u> permettrait de conserver les meilleurs joueurs' – who or what does **leur** refer to? And in 'il faut <u>leur</u> donner 2 millions par mois'?

Colloquial phrases

Les mecs and **ça me fait marrer** are expressions used by most French people in relaxed, oral language, what we refer to as **le français familier**. This register of language is not offensive, but may be judged 'slangy'. Find out more about it in Unit 11.

The forum contributors also use some colloquial phrases which are useful in discussions. You can use **c'est sûr** ('that's right') to agree with someone. You can identify a problem using **c'est de** + verb or **c'est** + noun:

Le problème, <u>ce n'est pas d</u>'acheter les joueurs . . . <u>c'est</u> surtout leur rémunération.

You can introduce an example or a solution with **il n'y a qu'à** (often pronounced 'inyaka') followed by a verb in the infinitive:

<u>il n'y a qu'à</u> compter le nombre de joueurs jouant à l'étranger
you just have to count the number of players playing abroad

To express surprise at a proposed solution, you can use **quand même** which has the force of the English 'come on . . . really . . .'

> **on ne va pas <u>quand même</u> faire une loi speciale**
> **come on**, we're not **really** going to introduce a special law

Exercise 3

A web forum was launched on the following question: **Comment encourager les gens à faire plus de sport?** and the following contributions were posted:

> **Il faut organiser des activités sportives dans les entreprises pendant l'heure du déjeuner.**

> **Les abonnements pour les clubs de gym sont trop chers pour la plupart des gens. Il faut subventionner ces clubs pour qu'ils soient moins chers.**

Write your own reaction, using some of the colloquial phrases highlighted above.

Relative pronouns   **qui** and **que**

Qui and que are relative pronouns. Both translate as 'which' or 'who'. Qui is the *subject* of the clause it introduces:

> **On ne va pas quand même faire une loi speciale pour 25 ou 30 <u>footballeurs professionnels qui</u> gagnent 2 millions par mois.**

(<u>Les footballeurs</u> (*subject*) gagnent 2 millions)

Que is the *object* of the clause it introduces:

> **Si les joueurs de l'équipe de France jouent à l'étranger c'est surtout pour <u>les avantages qu'ils y trouvent</u>.**

(**Ils y trouvent <u>des avantages</u>** (*object*).)

Note that only **que** changes to **qu'**: **qui** never does.

Note: For more on relative pronouns, see Grammar reference, p. 229.

Exercise 4

Select **qui** or **que / qu'** to fill in the gaps:

1 Le joueur _____ j'admire le plus est Zidane.
2 Mes amis m'ont raconté le match _____ je n'ai pas pu voir.
3 C'est l'équipe du Brésil _____ a gagné le championnat en 2002.
4 Ceux _____ jouent à l'étranger refusent de payer les impôts.
5 Les équipes _____ ont gagné sont Lyon et Paris Saint-Germain.
6 Les billets _____ il nous a achetés étaient très chers.

Dialogue 1))⑨

Cécile Gérard has decided it's time to get back in shape, so she joins a local sports club. Before starting on her exercise programme, she has a consultation with Pierre, one of the trainers.

Exercise 5

Match these key expressions with their English equivalent:

1 se remettre en forme   a a sedentary job
2 pratiquer un sport   b to burn up calories
3 stressé   c training
4 surmené   d to lose weight
5 se sentir bien dans sa peau e stressed
6 prendre du poids   f to do a sport
7 perdre du poids   g to get fit again
8 un travail sédentaire   h to relax, to unwind
9 l'entraînement (*m*)   i effective, efficient
10 éliminer des calories   j to gain weight
11 (se) déstresser   k to feel good (about oneself)
12 efficace   l overworked

Exercise 6

Écoutez le dialogue et répondez en français aux questions suivantes:

1 Pourquoi Cécile a-t-elle décidé de s'abonner au club de gym?
2 Quels sports a-t-elle déjà pratiqués?
3 Qu'est-ce qui l'empêchait d'aller nager régulièrement?
4 Qu'est-ce que l'aquagym?
5 Quelles activités va-t-elle faire au club?

PIERRE Première question: qu'est-ce qui vous a motivée à venir vous inscrire à notre club?

CÉCILE Je veux absolument me remettre en forme. Ces dernières années, je n'ai pas pratiqué de sport de façon régulière, ce qui fait que je me sens souvent stressée, surmenée au travail, fatiguée le soir. D'ailleurs j'ai pris du poids, trois kilos depuis le mois de mars, et j'aimerais perdre ces kilos en plus. J'ai envie de me sentir mieux dans ma peau. Voilà . . .

PIERRE Vous avez un travail sédentaire?

CÉCILE Oui, je reste assise devant mon ordinateur toute la journée.

PIERRE D'accord. Et quels sports avez-vous déjà pratiqués?

CÉCILE Je fais quelquefois de la marche, par exemple en vacances. J'aimais faire du vélo mais je n'en ai pas fait depuis longtemps. J'ai fait un peu de yoga et d'aérobic . . .

PIERRE Vous n'avez jamais pratiqué le tennis? le ski? la natation?

CÉCILE La natation? Ah oui, j'adore nager, mais jusqu'ici je n'avais jamais le temps d'aller à la piscine. C'est un sport que j'aimerais bien pratiquer de façon régulière.

PIERRE Justement, c'est un excellent sport pour vous déstresser, mais aussi pour vous muscler le dos, surtout si vous faites du dos crawlé. Si vous restez assise toute la journée, vous devez avoir mal au dos de temps en temps, non?

CÉCILE Oui, effectivement, j'ai souvent des courbatures après une journée de travail, et des douleurs au niveau du cou . . .

PIERRE Voilà. Pour vraiment être efficace, vous savez qu'il faut nager de façon continue pendant au moins vingt minutes. Vous pouvez également vous inscrire dans notre cours d'aquagym.

CÉCILE	L'aquagym, ça consiste en quoi exactement?
PIERRE	C'est de l'aérobic, mais en piscine, avec un professeur qui vous fait faire des mouvements dans l'eau, accompagné de musique. C'est vraiment idéal pour éliminer des calories et pour vous muscler de façon équilibrée. Et c'est plus amusant que de faire des longueurs en piscine . . .
CÉCILE	Oui, bien sûr . . . Et ça se passe quand, l'aquagym?
PIERRE	Voyons . . . deux fois par semaine, le soir, de 18 heures à 19 heures le lundi et le mercredi. Et en complément je vous conseillerais de faire une demi-heure d'entraînement, de ce que l'on appelle du cardio-training. Cet entraînement vous permettra de vous muscler le dos, le ventre, et bien sûr les jambes. Nous pouvons établir un programme personnalisé, si vous voulez . . .
CÉCILE	Donc le cours d'aquagym deux fois par semaine et puis une demi-heure d'entraînement, deux fois par semaine aussi?
PIERRE	Oui, c'est ça . . . C'est un excellent commencement.

Vocabulary ♦

de façon continue	continuously
le dos crawlé	the back stroke
la brasse, le crawl	the breast stroke, the crawl
pour vous muscler	to develop your muscles
en complément	in addition, together with that
un programme personnalisé	an individual programme

Exercise 7))👂 258

In this dialogue, Anne explains to her friend Claire that she's feeling stressed and unfit. Complete Anne's part of the dialogue.

C   Comment ça va?

A   *Say things are not going very well at the moment. For some reason, you don't feel yourself . . .*

C   Ah bon? Qu'est-ce que tu as?

A   *Say you think it's stress . . . you're overworked, there are so many things to do. You're always tired. You no longer have any time to do any exercise. You've put on weight. You're finding it hard to sleep and you've got backache . . .*

C   Tu restes assise toute la journée … ce n'est pas étonnant que tu souffres du dos. Il faut bouger!

A   *Agree. Say you really want to get fit again.*

C   Écoute, pourquoi tu ne t'inscris pas à mon club de gym? Il y a une piscine, une salle de musculation, des équipements pour le cardio-training. J'y fais mon entraînement le mardi et le jeudi après le travail. Tu pourras venir avec moi …

A   *Say you were thinking about joining an aerobics class … it's really good for burning up calories.*

C   Pourquoi pas? … il y a un excellent cours d'aérobic au club … le prof est très sympa et après on pourrait aller nager …

Language points ◆

Physical positions and movement

To describe a physical position, an adjective (often a past participle) together with the verbs **être** or **rester** can be used:

> Cécile <u>reste assise</u> devant son ordinateur toute la journée.
> Cécile **sits** at her computer the whole day.

In English, we often use a present participle (e.g. *lying*, *sitting*) to translate such adjectives, for example in descriptions of exercises:

> **couché sur le ventre**
> lying on your front

> **assis sur une chaise**
> sitting on a chair

When referring to the corresponding physical movement, a *reflexive* verb is used:

> **Apres le travail, Cécile <u>s'asseoit</u> sur le canapé et regarde la télé.**
> After work, Cécile **sits** down on the sofa and watches television.

If the verb is used with a direct object, the reflexive pronoun is dropped:

> **Il se lève.**
> He's standing up.

> **Il lève le bras.**
> He's raising his arm.

Here are the main adjectives and corresponding reflexive verbs:

assis	sitting	**s'asseoir**	to sit down
allongé	lying	**s'allonger**	to lie down
couché	lying	**se coucher**	to lie down
debout*	standing	**se lever**	to stand up
étendu	stretched out	**s'étendre**	to stretch out
penché	bending	**se pencher**	to bend over

*This adjective is invariable: it does not change to agree with its noun.

Exercise 8

Translate these instructions:

1 Assis par terre, les jambes étendues, penchez-vous vers les pieds.
2 Debout, bras tendus le long du corps, fléchissez les jambes.
3 Etendu sur un tapis, levez doucement les jambes.
4 Lying on your back, raise your legs slowly.
5 Sit down. Stand up. Bend to the left.
6 Lie down on the ground and stretch your legs out.

Text 2

Ice hockey – **le hockey sur glace** – *is an exciting spectator sport, with a strong following in France and francophone Canada. Find out more about it in Text 2.*

Exercise 9

Check basic vocabulary by identifying the English translation:

1 une crosse (de hockey)   a a referee
2 un but   b goal
3 le but adverse   c the opponents
4 les adversaires   d a hockey stick
5 un palet   e a ground
6 un arbitre   f to bring face to face
7 opposer (deux équipes)   g to compete in a match
8 disputer un match   h a puck
9 un terrain   i the enemy goal

Le hockey sur glace

Fracas des crosses, raids incessants de joueurs vers les buts adverses, contacts permanents et souvent violents . . . Les matchs de hockey sur glace prennent souvent des allures de bataille. Phénomène logique ou simple coïncidence, la première rencontre a opposé des militaires d'une garnison britannique canadienne. Le Canada serait d'ailleurs le berceau de ce sport de glace inventé en 1855, mais dont nombre de pays comme la France, l'Angleterre, l'Écosse ou l'Irlande revendiquent la paternité.

Ce sport explose réellement au 20ème siècle avec la création en 1901 du premier club français et de la National hockey league (NHL) en 1917. Les Jeux Olympiques d'été d'Anvers s'emparent étrangement de cette pratique avant de la laisser s'épanouir aux Jeux d'hiver de Chamonix en 1924. Sport très populaire aux États-Unis et au Canada, il y compte aujourd'hui près de cinq millions de pratiquants, contre 18 000 en France. Les femmes prennent aussi les crosses. Elles disputent depuis les Jeux de Nagano des matchs olympiques.

Deux équipes de six joueurs, un terrain de 30 mètres de large sur 60 mètres de long ceinturé de parois de plexiglas et un unique objet de convoitise: le palet. Pendant une heure, les hockeyeurs harnachés comme des guerriers et montés sur des patins à glace vont tenter de mettre une petite rondelle en caoutchouc vulcanisé de 170 grammes dans les buts adverses. Certains d'entre eux comme l'Américain Bobby Hull se déplacent à près de 45 km/h et propulsent le palet à 190 km/h. Le match comporte deux pauses et trois arbitres se chargent de mettre en 'prison' ou d'expulser les joueurs trop vifs.

Source: <http://www.hiver.com.> © Zitracom.

Exercise 10 259

Les affirmations suivantes sont-elles vraies ou fausses? Justifiez votre réponse.

1 Le hockey sur glace a été inventé par des militaires anglais.
2 Il y a plus de pratiquants en France qu'en Amérique du Nord.
3 Au début, le hockey sur glace faisait partie des JO d'été.
4 C'est un sport exclusivement masculin.
5 Il y a trois arbitres dans un match de hockey sur glace.
6 Un match de hockey sur glace se joue en trois parties.
7 Pour pratiquer ce sport, on n'a pas besoin d'équipements spéciaux.

Vocabulary ♦

un fracas	a crash, banging together
un raid	a raid
prendre des allures (f) de ...	to take on the appearance of ...
un militaire	a soldier
un garnison	a garrison
le berceau	the cradle
revendiquer la paternité	to claim paternity
un pratiquant	someone who practises a sport
s'emparer de	to take over
s'épanouir	to develop, blossom
un paroi	a barrier
ceinturé de plexiglas	surrounded with plexiglass
un objet de convoitise	an object of desire
harnachés comme des guerriers	rigged out like warriors
une petite rondelle	a little slice
caoutchouc vulcanisé	vulcanised rubber
se déplacer	to move about
expulser	to expel, send off
trop vif	too lively

Language points ◆

Using prepositions

It's easy to forget prepositions, those 'little words' like **à**, **de** and **en**, but they are very important, particularly in descriptions:

To refer to a 'type' of something, use **de**:

> **un match de hockey**
> **un sport de glace**
> **les jeux d'hiver**

To give measurements, use **de**:

> **un terrain de 30 mètres**
> **une petite rondelle de 170 grammes**

To be more precise about dimensions, use **de large** ('wide'), **de long** ('long') and **de haut** ('high'):

> un terrain **de** 30 mètres **de large sur** 60 mètres **de long**

To indicate what something is made of, use **en** or (less often) **de**:

> **une petite rondelle en caoutchouc**
> **un montre en or**
> **des parois de plexiglas**
> **un chapeau de paille**

To indicate speed, use **à**:

> **Bobby Hull se déplace à près de 45 km/h.**

To indicate something's function, use **à**:

> **des patins à glace** (to be used on ice)
> **une machine à laver**

It's important to distinguish the use of **à** and **de**: **un verre à vin** is a wine glass, while **un verre de vin** is a glass of wine.

Exercise 11

Find the right preposition to translate the following:

1 a hair brush   une brosse _____ cheveux
2 a gold watch   une montre _____ or

3	a 5-kilo packet	un paquet _____ 5 kilos
4	a coffee spoon	une cuillère _____ café
5	a cup of coffee	une tasse _____ café
6	a football match	un match _____ football
7	a cotton shirt	une chemise _____ coton
8	a bus stop	un arrêt _____ bus
10	a skipping rope	une corde _____ sauter
11	a 2-meter-high barrier	un paroi _____ 2m _____ haut
12	a fishing rod	une canne _____ pêche

More relative pronouns   dont and lequel

Earlier in this unit, we contrasted the function of the relative pronouns **qui** and **que**. In the definitions of sports below, you'll come across two more relative pronouns, **dont** and **lequel**.

Hockey

Sport d'équipe **qui** se joue avec une crosse, et **dont** il existe deux variantes, l'une sur gazon et l'autre sur glace.

Basketball

Sport dans **lequel** deux équipes de cinq joueurs doivent lancer un ballon dans le panier suspendu de l'équipe adverse.

Dont is used to replace a noun introduced by **de**:

il existe deux variantes <u>de ce sport</u>
ce sport, <u>dont</u> il existe deux variantes

In the case of nouns introduced by other prepositions, **lequel / laquelle / lesquels / lesquelles** are used:

<u>dans ce sport</u> deux équipes doivent lancer un ballon
ce sport, <u>dans lequel</u> deux équipes doivent lancer un ballon

The preposition à links with **lequel / lesquels / lesquelles** to form **auquel, auxquels** or **auxquelles**:

je participe <u>aux activités sportives</u> suivantes
les activités sportives <u>auxquelles</u> je participe sont les suivantes

When the reference is to a human being, **lequel** is replaced by **qui**:

Nous sommes partis <u>avec les joueurs.</u>
Voilà les joueurs <u>avec qui</u> nous sommes partis.

Exercise 12

Fill in the gaps with the appropriate relative pronoun:

Que le monde est petit! Ma sœur, **qui** ~~ma sœur~~ est professeur, travaille actuellement en Australie. Une de ses amis _____ je ne me rappelle pas le nom ~~de cette amie~~, a travaillé dans la même école en Thaïlande que mon cousin _____ tu as rencontré ~~mon cousin~~ à Noël. Mon cousin, lui, travaille maintenant au Mexique. Le centre _____ il travaille ~~dans ce centre~~ et _____ le directeur ~~de ce centre~~ est un ami de mon patron, se trouve juste à côté du grand musée _____ j'ai visité ~~ce musée~~ l'année dernière et _____ je te parlais ~~de ce musée~~ hier.

Bilan

259

1 Add the missing prepositions to the phrases below, then decide which sport each phrase is associated with:
   a une bouteille _____ oxygène
   b une batte _____ bois
   c un fer _____ acier
   d un sac _____ dos
   e un bonnet _____ latex
   f des patins _____ roulette
   g une équipe _____ quinze joueurs
   h un but _____ 7m _____ large _____
      2m _____ haut

   le cricket – le rugby – le golf – la natation – la randonnée –
   la plongée – le rollerskate – le football

2 In the short text below, work out *why* each relative pronoun is used. Then try translating the text into English. You'll find that we often don't express our sentences in quite the same way!

Quel est le joueur **que** vous admirez le plus? **Qui** vous a le plus impressionné et surpris? Le joueur **à qui** vous souhaitez la victoire dans chaque match? Le joueur **dont** la défaite vous rend malheureux?

3 Use the words from the box to fill in the gaps in this text:

Etes-vous en forme?
On sait qu'on est en bonne _____ physique quand on est _____ d'accomplir son travail journalier de façon _____ et dynamique et qu'on a suffisamment d'_____ en réserve pour _____ des _____ physiques pendant ses heures de _____ !

activités – loisirs – forme – capable – efficace – énergie – pratiquer

4 Match the following instructions to the appropriate drawing below:
   a Asseyez-vous par terre, jambes étendues droites devant vous.
   b Debout, les bras tendus le long du corps, penchez-vous à gauche.
   c Allongez-vous par terre.
   d Couché sur le ventre, levez la jambe droite.

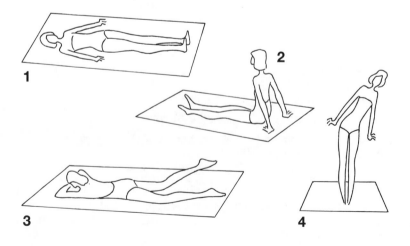

11 Le plaisir de lire

In this unit you can learn about:

▶ talking about books and films
▶ using **ce qui** and **ce que** to make comments
▶ informal French: **le français familier**
▶ the past historic and the pluperfect tenses
▶ revision of tenses

Dialogue 1

Jane Saunders wants to improve her French, so while she's on holiday in France, she visits a bookshop in search of some easy novels.

Exercise 1

To check how much of the language of the dialogue you already know, try translating the following into French:

1 I'm looking for some novels in order to improve my French.
2 I can get by in conversation.
3 Could you recommend (*use* **conseiller**) some novels which aren't too difficult?
4 Do you know the works (**les œuvres**) of Marcel Pagnol?
5 He wrote autobiographical novels about his childhood in Provence.
6 Perhaps you've seen the film *Jean de Florette*?
7 They made a film from it.
8 I'm going to take this one (*referring to* **un roman**).

JANE   Pardon, Mademoiselle, j'ai besoin d'un conseil. Je suis anglaise et je cherche des romans pour améliorer mon français. J'arrive à me débrouiller en conversation, mais j'aimerais lire un peu plus. Pourriez-vous me conseiller des romans pas trop difficiles?

VENDEUSE Hm . . . je réfléchis. Vous cherchez en livre de poche?

JANE   Oui. Quelque chose de pas trop compliqué, qui se lit facilement.

VENDEUSE D'accord. Alors, j'ai une petite idée. Connaissez-vous les œuvres de Marcel Pagnol? Il a écrit des romans plus ou moins autobiographiques sur son enfance en Provence. Vous avez peut-être vu le film *Jean de Florette*?

JANE   Oui, oui . . . il est sorti au début des années 90, non? Il a eu beaucoup de succès en Angleterre . . .

VENDEUSE Justement, ce film est tiré d'un roman de Pagnol. Alors vous avez ses souvenirs d'enfance, voilà. Ça se passe en Provence, comme toujours. C'est en trois volumes. Le premier, c'est *La Gloire de mon père*, malheureusement, il est épuisé pour l'instant, je crois. Voici le deuxième, *Le Château de ma mère*, et puis le troisième *Le Temps des secrets* . . .

JANE   Ah oui, *La Gloire de mon père*, ils en ont aussi fait un film, n'est-ce pas? Il me semble que je l'ai vu . . .

VENDEUSE Oui, c'est ça. Je crois que ces livres sont assez faciles à lire. Sinon, en plus contemporain, mais là encore, des souvenirs d'enfance, il y a les romans d'Azouz Begag . . . L'auteur est d'origine algérienne, mais il est né en France et dans ses deux romans, il raconte la vie de familles algériennes dans les quartiers défavorisés de Lyon. Il le fait avec beaucoup d'humour. Ce qui est bien dans ses romans, c'est qu'il sait reproduire le langage familier des jeunes. Le personnage principal de ce roman-ci, *Béni ou le paradis privé,* est un garçon de seize ans, je crois. Mais ce serait peut-être un peu difficile pour vous, non?

JANE   Non, au contraire, ça m'intéresserait. Je crois que je vais prendre donc celui-ci, *Le Château de ma mère*, et puis *Béni ou le paradis privé*. Merci beaucoup pour vos conseils.

VENDEUSE Je vous en prie, Madame, bonne lecture. Vous payez à la caisse.

Photo: Paul Slater.

Exercise 2

Les affirmations suivantes sont-elles vraies ou fausses? Écoutez le dialogue, puis justifiez vos réponses en français:

1 Marcel Pagnol a écrit ses souvenirs d'enfance en deux volumes.
2 Jane va acheter le premier volume, *La Gloire de mon père*.
3 Elle a vu le film tiré de ce roman.
4 Azouz Begag est né en Algérie.
5 Dans ses romans il parle des quartiers défavorisés de Lyon.
6 Ses romans ont beaucoup d'humour.
7 Ils sont écrits dans un style très littéraire.
8 Jane n'achète finalement que le livre de Pagnol.

Vocabulary ◆

améliorer	to improve
se débrouiller	to get by
en livre de poche	in paperback
être tiré d'un roman	to be based on a novel
les souvenirs (m) d'enfance	childhood memories
épuisé	out of print
raconter	to tell (a story)
les quartiers (m) défavorisés	disadvantaged, run-down areas
l'humour (m)	humour
reproduire	to reproduce
le langage	language

Language points ◆

Describing a novel or a film

To describe different types of films or novels:

C'est	un roman	policier	crime
	un film	autobiographique	autobiographical
		de science-fiction	science-fiction
		d'aventure	adventure
		à suspense	thriller
		humoristique	humorous
		comique	comic

To say generally what a novel or film is about:

Le roman	raconte	l'histoire d'un jeune garçon qui...
Le film	tells	the story of a young boy who...
	décrit	la vie quotidienne d'une famille
	describes	the everyday life of a family

To say where it takes place:

Ça / L'action se passe à Lyon.
It / The action takes place in Lyon.

To talk about the main character:

Le personnage principal, c'est un garçon de seize ans.
The main character is a sixteen-year-old boy.

Exercise 3   2 6 &

Choose the correct expression from the box to fill the gaps in this description of the film *Le Gone du Chaâba*.

Le Gone du Chaâba
L'action _____ (1) dans un bidonville de la banlieue lyonnaise. Le film _____ (2) la vie quotidienne de familles _____ (3) à travers le _____ (4) d'un enfant de neuf ans avec ses _____ (5) et ses peines. Le _____ (6) principal, c'est Omar, le 'gone du Chaâba'. Ce qui est très _____ (7) dans ce film, c'est qu'on nous _____ (8) des conditions de vie extrêmement _____ (9) sans pour autant nous apitoyer. C'est d'ailleurs ce qui en fait un film plutôt frais et même _____ (10) par moments.

> joies – algériennes – regard – décrit – personnage – joyeux – montre – se passe – bien fait – difficiles

Using **ce qui** and **ce que**

You can use **ce qui** and **ce que** to introduce a comment. **Ce qui** stands for a subject:

ce qui est bien / remarquable / intéressant, c'est
what is good / remarkable / interesting is

Ce que stands for an object:

> **ce que j'adore / j'aime beaucoup / je déteste, c'est**
> what I love / like a lot / I hate is

You can of course also add such comments to the end of a sentence:

> **Il y a de plus en plus de films français qui s'exportent à l'étranger, <u>ce qui</u> est très important pour le cinéma français.**
> There are more and more French films which are exported abroad, <u>which</u> is very important for French cinema.

You add **ce** to relative pronouns (e.g. **qui, que, dont**) in this way to introduce a phrase referring to a whole idea or fact, rather than to a specific thing or person. So, for example, in the sentence above, **qui**, in **qui s'exportent**, refers back specifically to **de plus en plus de films français** while **ce qui**, in **ce qui est très important**, refers back to the fact of more French films being exported.

Exercise 4   260

Choose **ce qui** or **ce que** to complete the gaps:

1 _____ me plaît dans ce roman, c'est la simplicité de l'histoire.
2 _____ j'aime dans ce film, ce sont les décors.
3 _____ je ne comprends pas, c'est la fin de ce roman.
4 _____ est bien, c'est que l'auteur ne cherche jamais à nous apitoyer sur le sort de ses personnages.
5 _____ m'intéresse surtout, ce sont les descriptions de Paris.

Choose **ce qui, ce que, qui** or **que** to complete the gaps:

6 Le prix des livres de poche a baissé, _____ est bien, je trouve.
7 Le personnage du film _____ je préfère est le jeune garçon.
8 _____ je déteste, ce sont des films science-fiction.
9 Un film français _____ m'a vraiment plu, c'était *Les Visiteurs*.
10 _____ m'embête dans les films américains, c'est leur manque de réalisme.

Text 1

The text on p. 190 is an extract from Béni ou le paradis privé. *Béni lives on an estate in Lyon with his family. Unlike many of his contemporaries, including his elder brother and his sister Noual, he is successful at school and has passed his* **Brevet** *(an examination taken at sixteen). His certificate is proudly displayed in the family flat. One evening, however, he gets involved in an incident with the police. In this extract, he recounts his return home . . .*

Vocabulary ♦

notre allée	our path, driveway
le bureau du gardien	the caretaker's office
était allumé	was lit, the light was on
un grincement	a creaking
sonner	to ring (the bell)
pousser un cri de stupeur	to let out a cry of amazement
filtrer	to appear gradually
la jouissance	pleasure
arracher les yeux à quelqu'un	to scratch someone's eyes out
ça t'apprendra à	that'll teach you to
le placard	the cupboard
suinter l'humidité	to ooze dampness
faire une lessive	to do a wash
étendre (le linge)	to hang up (the washing)
une corde	a rope, a (washing) line
le lavage	washing
ça sent	it smells of
sauter dessus	to pounce on
faire le comédien	to put on an act, to play up
s'énerver	to get annoyed, worked up
la cuvette	the bowl
dégouliner	to drip
faire semblant de + infin.	to pretend to
réviser mes devoirs	to go over my homework

En arrivant devant notre allée, j'ai marché comme sur des œufs car le bureau du gardien était allumé et je n'avais aucune envie de me faire voir. J'ai ouvert la porte sans un grincement et je l'ai tenue pour la refermer en silence. J'ai sonné chez nous. Noual est venue m'ouvrir en poussant un cri de stupeur :

– Le papa . . .

– Eh ben?

– Il est allé te chercher. . . Où tu étais? On te cherche depuis. . .

– Ça va, ça va! Fais-moi pas chier!

Sous la peau de son visage filtrait une impression mixte de terreur et de jouissance.

– Il a dit qu'il allait t'arracher les yeux . . .

– Va t'faire, je t'ai dit!

Elle a fait « pfitt », puis elle a ajouté:

– Ça t'apprendra à toujours vouloir nous écraser avec ton intelligence et ton diplôme de merde!

Ça m'a fait mal. J'ai posé ma veste dans le placard du couloir suintant l'humidité: ma mère avait fait une lessive. Elle a étendu le linge sur une corde attachée entre deux portes. Je déteste ces soirs de lavage. Ça sent la pluie et les jours tristes. Elle m'aperçoit et me saute dessus pour me demander les raisons de mon retard.

– Quoi? Quoi? Vous êtes pas contents que j'aie trouvé des copains et que je sois heureux moi aussi! Vous voulez que je crève tout seul! Y'en a marre d'être traité comme un merdeux dans cette baraque!

Je fais le comédien qui s'énerve, mais elle a l'habitude. Elle place tranquillement la cuvette qu'elle a prise dans la salle de bains et l'installe sous un pantalon qui dégouline.

– Il est allé te chercher.

– Je sais.

– Il va t'arracher les yeux.

– Je sais ! Ça y est, tu es contre moi, toi aussi?

Elle mélange son regard dans le mien pour dire non, puis me conseille d'aller dans la chambre faire semblant de réviser mes devoirs.

Source: Azouz Begag, *Béni ou le paradis privé* (Paris: Éditions du Seuil, 1989).
© Éditions du Seuil.

Exercise 5

To check your understanding of the extract, look at the following summary. What's wrong with it? Correct any mistakes.

> Béni comes home, making a terrible noise outside the caretaker's office. His sister opens the door. She is happy to see him and tells him that their father is out at work. She makes a snide comment about his success at school, which upsets him. He then meets his mother, who's been cooking. She asks him to explain where he's been. Béni gets cross but answers politely. She takes no notice of him and tells him to wait until his father comes home. In the end, she is on his side.

Language points ♦

Le français familier

In this dialogue, Azouz Begag reproduces the informal language of everyday French speech. As you come across **le français familier**, you will need to distinguish those expressions which are (a) relaxed but inoffensive, from those which are (b) potentially offensive. Ironically, these latter expressions are frequently used and heard. Here are some of the more common ones, some of which were used in the extract:

fais-moi pas chier!	stop pissing me off!
c'est / il est chiant!	it's / he's a pain!
merde!	shit!
de merde	shitty
un merdeux	a twerp, an idiot
va te faire (foutre)!	fuck off!
je m'en fous	I couldn't bloody care less
c'est con!	it's bloody stupid

Here are some frequently used informal expressions which are unlikely to be offensive:

un bouquin	a book
une bagnole	a car
la baraque	a house (a dump!)
un boulot	a job, work

une boîte	a company, place of work
la bouffe	food
le fric	money
un mec, un type	a guy, a bloke
un gamin, un gosse	a kid
un truc, un machin	a thing, a whatsit
bouffer	to eat
bosser	to work
se marrer	to have a laugh
en avoir marre	to have had enough
super	great
nul	rubbish
dingue	crazy
marrant	funny, weird
moche	horrible, ugly
dégueulasse, dégueu	disgusting

Text 2

The childhood depicted in Marcel Pagnol's Le Château de ma mère
*is very different. On holiday in the hills of Provence with his family,
including his little brother Paul, Marcel discovers the joys of early
morning hunting expeditions with his father. But the holidays come
to an end. On the last morning, it had rained . . .*

Un air frais me réveilla: Paul venait d'ouvrir la fenêtre et il faisait à
peine jour. Je crus que c'était la lumière grise de l'aube: mais
j'entendis gazouiller la gouttière, et le son musical de l'eau
dégringolante dans les échos de la citerne . . .

Il était au moins huit heures, et mon père ne m'avait pas appelé:
la pluie avait noyé la dernière chasse.

Paul me dit:

« Quand ça s'arrêtera, j'irai aux escargots. »

Je sautai à bas du lit.

« Tu sais qu'on s'en va demain? »

J'espérais éveiller chez lui un désespoir spectaculaire que j'aurais pu utiliser. Il ne me répondit pas, car il était très occupé à lacer ses souliers.

« On n'ira plus à la chasse, il n'y aura plus de fourmis, plus de pregadiou,* plus de cigales. »

– Elles sont toutes mortes! dit Paul. Tous les jours, je n'en trouve plus.

– En ville, il n'y a pas d'arbres, pas de jardin, il faut aller en classe.

– Oh! oui! dit-il avec joie. En classe, il y a Fusier. Il est beau Fusier. Moi je l'aime. Je vais tout lui raconter. Je lui donnerai de la gomme . . .

– Et alors, lui dis-je sur un ton sévère, ça te fait plaisir que les vacances soient finies?

– Oh! oui! dit-il. Et puis, à la maison j'ai ma boîte de soldats!

– Alors pourquoi tu pleurais hier soir? »

Il ouvrit ses grands yeux bleus, et dit: « Je ne sais pas. »

Je fus écœuré par ce renoncement, mais je ne perdis pas courage, et je descendis à la salle à manger. J'y trouvai une foule de gens et d'objets.

Dans deux caisses de bois blanc, mon père rangeait des souliers, des ustensiles, des livres. Ma mère pliait sur la table des lingeries, la tante bourrait des valises, l'oncle ficelait des ballots, la petite sœur, sur une haute chaise, suçait son pouce, et la « bonne », à quatre pattes, ramassait les prunes d'un panier qu'elle venait de renverser.

« Ah! te voilà! dit mon père. La dernière chasse est ratée. Il faut en prendre son parti . . .

– C'est une petite déception, dit l'oncle. Je souhaite que la vie ne te réserve rien de pire! »

---

* pregadiou: the Provençal word for praying mantis.

Source: Marcel Pagnol, *Le Château de ma mère* (Paris: Éditions du Fallois, 1958).
© Éditions du Fallois.

194 | The joys of reading

Exercise 6

Can you find expressions in the text which mean the following:

1 Paul had just opened the window
2 he was very busy
3 you have to go to school
4 I'm going to tell him everything
5 are you pleased the holidays are over?
6 I went downstairs to the dining room
7 The last hunting expedition is off
8 You'll just have to get over it
9 It's a bit of a disappointment

Vocabulary ♦

faire jour	to be daylight
à peine	hardly, scarcely
l'aube (f)	dawn
gazouiller	to gurgle
la gouttière	the gutter
dégringolant	tumbling
la citerne	the cistern
noyer	to drown; *here:* to rain off
aller aux escargots	to go hunting for snails
sauter	to jump
éveiller	to awaken
un désespoir	despair
lacer ses souliers (m)	to lace up one's shoes
une fourmi	an ant
une cigale	a cricket, cicada
de la gomme	some rubber
écœuré	sickened
une caisse de bois blanc	a pinewood box
ranger	to put away, tidy away
plier	to fold
des lingeries (f)	lingerie, underwear
bourrer	to fill up
ficeler des balots (m)	to tie up packages (with string)
sucer son pouce (m)	to suck one's thumb

à quatre pattes	on all fours
ramasser	to pick up
renverser	to knock over
raté	*here:* fallen through
la vie ne te réserve	life holds nothing worse
rien de pire	in store for you

Exercise 7

To check your understanding, read through the following summary and select the correct alternative:

> Marcel wakes up late because *it's the last day of the holidays / his father hasn't called him.* The hunting trip is off because *there's too much to do / it's raining.* Marcel feels *happy / unhappy* about the end of the holiday. His brother Paul says he's going to look for *crickets / snails.* He *is / is not* looking forward to getting back to school. Marcel asks him why, then, he was *shouting / crying* about it the previous evening. Paul says *he was disappointed / he doesn't really know why.* Marcel, in disgust, goes downstairs and finds the adults *have already packed / are in the process of packing.* They tell him that *they are going hunting later / he should try to get over his disappointment.*

Language points ♦

The past historic tense

You've probably noticed some unusual verb forms in this extract: **un air frais me réveilla** (réveiller), **je crus** (croire), **je fus** (être), **il répondit** (répondre). This is the **passé simple** or past historic. It replaces the perfect tense when a writer wants to refer to a past action with no connection to the present. It is used only in formal contexts, such as literature, historical texts or formal speeches. The imperfect tense is used alongside it for description.

Note: For the forms of the past historic, see Grammar reference, p. 221.

Exercise 8

You only need to recognise the **passé simple**, since it's not used in conversation. Find the **passé simple** forms of these verbs in the text:

1 -er verbs: **sauter, trouver**
2 -ir verbs: **ouvrir**
3 -re verbs: **entendre, descendre, répondre, perdre, dire**

The pluperfect tense

Sometimes when you're talking about the past, you may want to refer to background events which occurred *before* your main focus. To do this, you can use the pluperfect tense. It's simply the imperfect form of the auxiliary **avoir** or **être**, followed by the past participle, corresponding to the English 'had done':

> **Un air frais me réveilla: Paul venait d'ouvrir la fenêtre ... Il était au moins huit heures, et mon père ne m'avait pas appelé: la pluie avait noyé la dernière chasse.**
> A cold draught woke me up: Paul **had just opened** the window.
> It was at least eight o'clock and my father **hadn't called** me. The rain **had ruined** the last hunting expedition.

You may have noticed that **venait d'ouvrir** is translated as **had just opened**, even though **venait** is in the imperfect tense. **Venir de +** infinitive expresses the idea of *having just done* something:

> **Paul vient** (present) **d'ouvrir la fenêtre.**
> Paul **has** just opened the window.

> **Paul venait** (imperfect) **d'ouvrir la fenêtre.**
> Paul **had** just opened the window.

Exercise 9

In the sentences below, put one of the verbs in brackets into the perfect tense and the other into the pluperfect tense.

1 Roger (téléphoner) ce matin: il voulait savoir à quelle heure Cécile (partir).
2 Lorsque Emma (terminer) son rapport, elle (éteindre) son ordinateur.

3 En arrivant à l'aéroport, je (se rendre compte) que je (oublier) mon passeport.
4 A la soirée hier, personne n' (reconnaître) Pierre: il (se déguiser) en clown!
5 Puisque nous (manquer) le train de 13 heures, nous (devoir) prendre celui de 14 heures 15. C'est pour ça que nous sommes arrivés en retard.

Translate the following:

6 I've just met my old French teacher.
7 He had just come back from a trip to Quebec.
8 Have you just arrived?
9 The French had just scored a goal.

Revision of tenses

A range of tenses is illustrated in the two extracts from novels. In *Béni ou le paradis privé*, the perfect tense is used at first to recount key actions, with the background being expressed in the imperfect and the pluperfect.

> j'ai marché comme sur des œufs car le bureau du gardien était allumé ... J'ai posé ma veste dans le placard ... ma mère avait fait une lessive.

Then the narrative switches to the present tense, also used for description, with the perfect used for earlier, background actions:

> Elle a étendu le linge sur une corde attachée entre deux portes. Je déteste ces soirs de lavage. Ça sent la pluie et les jours tristes. Elle m'aperçoit et me saute dessus pour me demander les raisons de mon retard.

In *Le Château de ma mère*, the story has no link to the present, so the past historic is used for the main events. Towards the end of the extract, we also see the imperfect used to describe on-going actions:

> mon père rangeait des souliers ... Ma mère pliait sur la table des lingeries, la tante bourrait des valises, l'oncle ficelait des ballots, la petite sœur suçait son pouce, et la « bonne » ... ramassait les prunes ...

In the dialogues, there are also examples of the future tense:

> Ça t'__apprendra__ à . . .
>
> Quand ça s'__arrêtera__, j'__irai__ aux escargots.
>
> On n'__ira__ plus à la chasse, il n'y __aura__ plus de fourmis . . .
>
> Je __vais__ tout lui __raconter__. Je lui __donnerai__ de la gomme . . .

and examples of subjunctive forms:

> Ça te fait plaisir que les vacances __soient__ finies?
>
> Vous êtes pas contents que j'__aie__ trouvé des copains et que je __sois__ heureux moi aussi!

There are also examples of the present participle with __en__:

> __En arrivant__ devant notre allée, j'ai marché comme sur des œufs . . .
>
> Noual est venue m'ouvrir __en poussant__ un cri de stupeur

Exercise 10 *261*

In this extract from *Le Château de ma mère* select the correct verb form from the alternatives given:

> Un matin, nous **partîmes / sommes partis / partions** sous un ciel bas, posé sur les crêtes, et à peine rougeâtre vers l'est. Une petite brise fraîche, qui **vint / est venue / venait** de la mer, **poussa / a poussé / poussait** lentement de sombres nuages : mon père **m'avait forcé / me forcerait / m'a forcé** à mettre, sur ma chemise, un blouson à manches, et sur ma tête, une casquette.
>
> Lili **arriva / est arrivé / arrivait**, sous un béret.

Bilan   *See 191/2*   *261*

1 Using the key phrases from pp. 186–7, briefly describe a book or a film you have enjoyed.

2 Match the questions and the answers in **français familier**:

  261-2 1 Tu fais quoi comme boulot?
   2 Jean l'a garée où, sa bagnole?

3 T'en as pas marre de bosser toute la journée?
4 C'tait marrant, ce film, non?
5 Qu'est-ce qu'on va bouffer?
6 T'as jamais pensé à changer de boîte?

a Non, mes collègues sont sympas, et le travail, c'est pas mal.
b J'sais pas, faut lui demander.
c Je suis prof.
d Oui, c'tait super – surtout le mec qui faisait Alain.
e J'sais pas, on pourrait aller au resto?
f Non, ça va, je sors pas mal le soir et les weekends, donc, ça va.

3 This extract from *Béni ou le paradis privé* follows on from the previous extract (p. 190) and narrates the return of Béni's father. Put the verbs in brackets into the appropriate past tense:

C'est Noual qui lui (ouvrir) la porte quand il (revenir). Tout de suite, elle (dire): « Il (rentrer). » Il (demander) où je (passer) puis où je (me cacher) et elle lui (dire) qu'elle ne (savoir) pas. Quand il (ouvrir) la porte de la chambre, je (faire) semblant de dormir dans un sommeil sans fond et il (refermer) en silence après être venu me regarder de près. Il (demander) à ma mère si je (être) malade.

– Il (faire) ses devoirs avec un copain. Il est fatigué, elle (mentir).

4 The following is an encyclopedia entry for the French explorer, Samuel de Champlain. Note down translations for the verbs underlined. What tense are they in?

Champlain (Samuel de), colonisateur français
Il fit un premier voyage en Nouvelle-France (1603), visita l'Acadie et les côtes de la Nouvelle-Angleterre (1604–1607), fonda Québec en 1608, et explora une partie des Grands Lacs (1615–16). Après 1620, il se consacra à la mise en valeur de la nouvelle colonie.

12 La francophonie

In this unit you can learn about:

▶ French spoken outside Europe, particularly in Quebec
▶ more uses of the definite article
▶ other francophone areas: Quebec, Gabon and Mauritius

Le saviez-vous? ◆

There are around 200 million **francophones** in the world, that is, people with French either as their first language (primarily in Europe or Quebec) or as one of their everyday languages. There are French-speaking populations in all five continents, as you can see from the map on p. xii. Within Europe, of course, French is spoken not just in France but also in parts of Belgium, Luxembourg and Switzerland.

The spread of French further afield is due to colonisation, much of it during the nineteenth century: in Indochina (particularly Vietnam), in the Maghreb (the Islamic countries of northern Africa), in central Africa and the islands of the Indian Ocean and Polynesia. France still has overseas territories: the **départements d'outre-mer** of Guadeloupe, Martinique, Guyane and La Réunion. These have the same administrative status as any other French **région**. There are also the **territoires** or **collectivités d'outre-mer**, such as New Caledonia and Tahiti, which have greater autonomy, but maintain strong administrative links with France.

Most of France's former colonies gained independence in the 1950s and 1960s. The West African countries have tended to maintain French as either *the* or *one of* the national languages, while the nations of the Maghreb have rejected French in favour of the national language, Arabic. Meanwhile, in Quebec, one of France's earliest colonies, the fight has been rather to protect the French language, and the rights of its speakers, against the expansion of English.

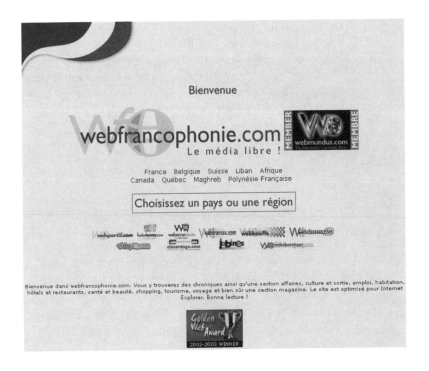

Quebec was founded by the French in 1608, but came under British rule in 1759. Canada as a whole now maintains official bilingualism, but just as most of its anglophone provinces are effectively monolingual, so the province of Quebec – and particularly the capital city, Quebec – is strongly francophone.

Text 1

Find out more about la francophonie in Text 1. You can also revise and extend the language used for talking about facts and figures which was covered in Unit 2.

Exercise 1   262

1   Les affirmations suivantes, sont-elles vraies ou fausses? Lisez le texte et répondez en français:

    a Il y a plus de francophones en Afrique qu'en Europe.

    b Le français est la première langue de l'Union européenne.

    c Tous les habitants de la province du Québec parlent français.
    d Il y a des francophones aux États-Unis.
    e Le français se parle aussi au Moyen Orient.
    f Le Vietnam est le pays asiatique où le français est le plus présent.

2 A quoi correspondent les chiffres suivants?
    a 7 millions
    b 33,4 millions
    c 20% de la population
    d 61 millions
    e 64%

La francophonie

Le français fait partie des quelques langues parlées aux quatre coins de la planète. Il se situe au 9e rang des langues les plus utilisées. On compte aujourd'hui un peu plus de 169 millions de francophones à travers le monde, soit 3,2% de la population mondiale. L'Europe regroupe 44% de la population francophone, l'Amérique 7,6%, et l'Afrique 46,3%, l'Asie 1,8% et l'Océanie 0,3%.

En Europe, la France mise à part, les francophones se trouvent essentiellement en Belgique (45% de la population), en Suisse (20% de la population) et au Luxembourg. Au niveau de l'Union européenne, à laquelle il faut ajouter la Suisse, le français est la deuxième langue maternelle ou seconde la plus parlée avec 71 millions de locuteurs, derrière l'allemand (90 millions), mais devant l'anglais (61 millions).

En Amérique du Nord, c'est au Canada que vit la plus forte minorité de population francophone, soit 9,6 millions de locuteurs sur 27,3 millions d'habitants en 1997. Très concentrés géographiquement, ceux-là représentent 82% des habitants du Québec (7 millions), et plus de 30% de ceux du Nouveau-Brunswick.

Sur le reste du continent américain, départements d'outre-mer français (Guadeloupe, Martinique, Guyane) exceptés, les communautés francophones sont présentes en Louisiane (290 000 en 1997) et en Haïti, où 23% des 7,4 millions d'habitants parlent le français.

L' **Afrique** subsaharienne compte à elle seule presque 39,5 millions de francophones (estimations pour l'année 1997), dont 34% en Afrique équatoriale de l'ouest, 29% en Afrique tropicale, 25% en Afrique équatoriale de l'est, et enfin 14% en Afrique sahélienne. Dans l'océan Indien (Île Maurice, le Madagascar) le taux global de francophones est de 23%, pour une population totale de 18,4 millions de personnes.

Avec plus de 33,4 millions de francophones au Maghreb (64% des Tunisiens, 57% des Algériens et 41,5% des Marocains), la francophonie y est très présente. Au Moyen Orient, le Liban demeure le pivot de la francophonie, avec environ 1 500 000 locuteurs.

Enfin, en Asie, c'est dans la péninsule indochinoise que les francophones sont les plus nombreux (surtout au Vietnam avec 375 000 locuteurs).

Source: <http://www.diplomatie.fr.gouv> © Ministère des affaires étrangères.

Language points ♦

Did you notice?

1 Did you notice the use of relative pronouns in the following phrases: **l'Union européenne, à <u>laquelle</u> il faut ajouter la Suisse** ('the European Union, **to which** Switzerland should be added') and **presque 39,5 millions de francophones, <u>dont</u> 34% en Afrique équatoriale de l'ouest** ('almost 39.5 million French speakers, **of whom** 34% are in equatorial West Africa'). Notice that with **dont** used in this way, the verb **être** is often omitted.
2 Check the use of **ceux-là** and **ceux** in the third paragraph. What do these pronouns refer back to?

Gender of countries

Names of countries in French are either:

- **masculine** (not ending in 'e'): **le** Luxembourg, **le** Canada (exceptions: le Mexique, le Mozambique, le Zaïre)
- **feminine** (most ending in 'e'): **la** France, **la** Belgique, **la** Suisse

To say **to** or **in** a country:

with feminine countries use **en**:
en France, en Suisse

with masculine singular countries, use **au**:
au Canada, au Maroc

with a plural country name, use **aux**:
aux États-Unis

Dialogue 1

Quebec City, founded by the French explorer, Samuel de Champlain, still has a very French feel about it, although the atmosphere changes with the seasons. Find out more in this extract from an interview with Jocelyne, a university lecturer ...

Exercise 2   262

Écoutez l'interview et corrigez les affirmations suivantes:

1 La ville de Québec a été fondée en 1718.
2 La ville a été colonie française jusqu'à l'indépendance du Canada.
3 Il y a beaucoup d'industries à Québec.
4 Aux <u>alentours</u> de Québec, il y a peu d'arbres.
5 En hiver, Québec est très animé.

INT. Jocelyne, je crois que vous venez d'un pays francophone, le Canada?

JOC. Je viens de la province du Québec plus précisément, et de la ville de Québec. Alors c'est la plus vieille ville francophone en Amérique du Nord. Elle a été fondée en 1608 par Champlain, donc on a d'abord été colonie française et ensuite on est devenu colonie anglaise en 1759, de sorte qu'on a un héritage à la fois britannique et français. C'est euh ... nous, c'est la deuxième plus grande ville de la province.

INT. Est-ce que c'est une ville où il fait bon vivre?

JOC. Il fait extrêmement bon vivre parce qu'il y a beaucoup d'activités culturelles, c'est très beau, c'est le long du fleuve euh, c'est une ville gouvernementale, donc il n'y a pas beaucoup d'industries, la seule industrie qu'on a vraiment, c'est les pâtes et papier . . . euh beaucoup d'arbres, près de la montagne aussi, donc on peut faire du ski l'hiver, beaucoup d'excursions en forêt, beaucoup de forêts aussi alentour. Il y a un peu le cachet français, donc, beaucoup de cafés, c'est très, très animé l'été. Évidemment l'hiver on ne voit pas grand monde à l'extérieur, mais l'été, la vie à l'extérieur est très intéressante. D'ailleurs, aussitôt que la neige fond, les gens se mettent à sortir et tout le monde se parle, on voit que la vie est très différente.

Vocabulary ♦

une ville où il fait bon vivre	a nice town to live in
un héritage	a heritage
les pâtes et papier	the paper pulping industry
le cachet français	the French style
grand monde	many people
fondre	to melt

Language points ♦

Canadian French

The pronunciation of Canadian French speakers is noticeably different from that of European French speakers. The most significant pronunciation differences are:

Vowel sounds
Listen to how Jocelyne says the vowel in **ville**: it's 'vil', rather shorter than the Parisian 'veel'. Other vowels are lengthened: Jocelyne pronounces **province** more like 'provey-nce', and **anglaise** more like 'angleyze' than 'anglez'. And the final nasal vowel in **Champlain** is pronounced further forward in the mouth, a bit like 'Champl<u>en</u>'.

Consonants 't' and 'd'
In Canadian French, 't' is often pronounced 'ts' while 'd' sounds like 'dz'. Listen carefully to Jocelyne when she says: **Amérique <u>dz</u>u Nord, le long <u>dz</u>u fleuve** and **on voit que la vie est très <u>dz</u>ifférente**.

And of course, as Canadian French has evolved in a different context from European French, there are differences in vocabulary and expressions. Some French Canadian expressions seem to have been maintained from earlier varieties of French: for example **conter une histoire**, rather than **raconter; ouvrage** for **travail** and the word **char**, which in metropolitan French means 'chariot', is a synonym for **voiture** in Canadian French!

Other expressions have developed through the influence of English, for example **tomber en amour** – 'to fall in love' (as opposed to **tomber amoureux**) or **être chanceux** – 'to be lucky' (rather than **avoir de la chance**) and **chargeant**, meaning 'expensive'. Further, different expressions for new phenomena have emerged in Canada e.g. **un courriel** v. **un mél** 'an e-mail', **magasiner** v. **faire les courses** 'to go shopping' and **un centre d'achat** v. **un centre commercial** 'a shopping centre'. And naturally, Canadian French has different words for typically Canadian things such as **épinette** 'a spruce' and **poudrerie** 'windblown snow'!

Dialogue 2 🔊

Marc and Simon are lecturers from Gabon. In this interview, they explain how Gabon attracts people from neighbouring countries and how French came to be chosen as the national language of Gabon.

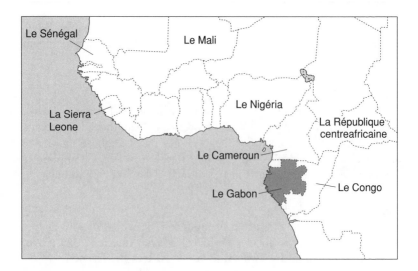

Exercise 3

2,62

Listen to the interview and answer these questions:

1 Why do people from neighbouring countries come to Gabon?
2 Gabon has a lot of natural resources: which ones are mentioned?
3 Which resource is referred to as **la plus grande manne**?
4 Marc mentions two contexts in which French is used: what are they? He mentions other languages such as **le fang, le punu** and **le téké**. In which context are these languages used?
5 Why has French become the national language of Gabon?

Vocabulary ♦

carrément au bord de	right on the coast of
la manne	manna, bonanza
s'établir	to set up; *here:* to live, to settle
l'enseignement (m)	teaching
enseigner	to teach
découler de	to arise from
les ethnies différentes	the different ethnic groups
les affrontements (m)	clashes, conflicts

INT.   Marc, d'où venez-vous?

MARC   Nous venons du Gabon, un pays situé en Afrique Centrale à la côte ouest de l'Afrique. C'est un pays qui est carrément au bord de l'Océan Atlantique.

INT.   Et c'est un pays francophone . . .

MARC   C'est un pays francophone mais nous avons des gens qui parlent anglais qui y viennent pour travailler et pour chercher de l'argent tels que les Nigériens, les Sierraleonais . . . on les trouve au Gabon . . . en dehors des francophones qui viennent des pays amis, comme les Camerounais, les Congolais, les Centrafricains, les Maliens et les Sénégalais.

INT.   Il paraît donc que le Gabon est un pays qui attire beaucoup de différentes nationalités? Comment expliquez-vous ça?

SIMON   La situation est tout à fait claire. Le fait que le Gabon attire beaucoup de personnes de différentes nationalités est dû à

... est semblable à ce qui s'est passé aux États-Unis en parlant du *New World*, du *Gold Rush*. Alors les gens des autres nationalités viennent s'établir au Gabon à cause de ses richesses, on y trouve facilement du travail, on y gagne relativement bien sa vie.

INT.   Quelles sont les principales activités économiques du Gabon?

SIMON   Les principales activités économiques du Gabon sont centrées autour des activités industrielles. Il y a par exemple le pétrole qui est la plus grande manne, le pétrole, le *timber*, le bois, le manganèse, l'uranium, le fer et même le marbre . . .

INT.   Et le français est votre langue nationale, mais ce n'est pas la seule langue qui se parle au pays?

MARC   Oui, le français est une langue nationale, c'est une langue de l'administration, langue de l'enseignement, mais nous avons beaucoup de langues qui découlent des ethnies différentes que nous avons au Gabon. Nous avons nos langues qui se parlent en famille telles que le fang, le punu, le téké. Il y en a beaucoup.

INT.   Et comment expliquez-vous que le Gabon n'a pas choisi une de ces langues africaines pour sa langue nationale?

MARC   Oui, c'est un problème assez difficile dans notre pays parce que . . . on ne sait pas jusqu'alors quelle langue on devait choisir pour éviter des problèmes purement politiques et des affrontements entre les différentes ethnies. C'est pour cela que jusqu'alors ce problème n'a pas encore été résolu et c'est pour cela qu'on adopte aussi le français comme langue qui est pratiquement parlée par toute la population.

Exercise 4

Without looking back at the text, complete the following sentences:

1 Les gens des autres nationalités viennent s'établir au Gabon à _____ de _____ _____ . On _____ trouve facilement du _____ , on _____ gagne relativement bien _____ _____ .

2 Nous avons nos langues qui _____ _____ en _____ . Il y _____ a beaucoup.

Language points ♦

The definite article

The definite article is used differently in French from English. Some of the differences in usage are illustrated in this interview.

Names of countries

The definite article is used with names of countries: **le Gabon, la France, l'Angleterre, les États-Unis.**

Names of languages

Marc refers to **le français, le fang, le punu, le téké, l'anglais**: in the phrase **parler** + *language*, no article is used, although if there is modication – **je parle** <u>seulement</u> **l'anglais** – the article returns. Note that languages do not have capital letters.

Names of substances and resources

The definite article is used for generic reference, so it's used when referring to substances and resources: **le pétrole** ('oil'), **le fer** ('iron'), **le bois** ('wood'). When referring to some (unspecified) quantity of the resource, the partitive article is used: **Je vais acheter** <u>du</u> **bois.**

Exercise 5

Fill in the gaps.

1 _____ Canada, j'ai bu _____ vin français et _____ France, j'ai bu _____ bière canadienne.

2 _____ Gabon, les industries sont basées sur _____ bois et _____ pétrole.

3 J'ai appris _____ français _____ Belgique. Les spécialités belges sont _____ chocolat, _____ frites et _____ bière. J'adore _____ Belgique!

Le saviez-vous? ♦

The islands of the Indian Ocean – Madagascar, Mauritius (l'Île Maurice) La Réunion and the Seychelles – were variously colonised by the Portuguese, the Dutch, the British and the French and this has resulted today in multilingual and multicultural populations. French is the, or one of the, official languages in Madagascar and La Réunion. Even in the Seychelles or Mauritius, where English is now the official language, French and French-based creoles are widely spoken. A creole – un créole – is a fully fledged language which has developed from a pidgin, a rudimentary language devised for communication between local populations and European traders, typically involved in the slave trade.

Text 2

Mauritius, with its varied landscape and idyllic beaches, is now a popular tourist destination for francophone visitors, as this article, written by a Canadian journalist, makes clear.

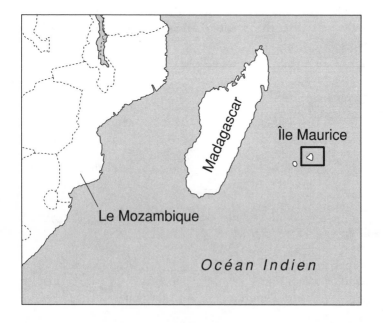

Exercise 6 263

1 Répondez en français aux questions suivantes:
   a Comment la journaliste a-t-elle trouvé son logement?
   b Elle est très satisfaite de son logement: pour quelles raisons?
   c Quelles sont les principales activités économiques de l'île? (La journaliste ne le dit pas explicitement.)
   d D'après cet article, son séjour à l'île Maurice s'est-il bien passé? Justifiez votre réponse.
2 Trouvez les expressions françaises qui correspondent à:
   a the best prices
   b I bend down, flick through my tourist guide
   c Imagine my surprise.
   d You should have seen his face.
   e luck was again on my side
   f the cost of living

Île Maurice, lieu de plusieurs cultures

Une chose que j'ai apprise en voyageant: les meilleurs prix d'une chambre d'hôtel sont rarement indiqués dans les guides hôteliers! Voilà pourquoi je ne réserve jamais un hôtel à l'avance. Quelle fut donc ma surprise lors de mon arrivée à l'île Maurice lorsque le douanier me demanda après quelques questions habituelles:

– Alors Madame, puis-je avoir les coordonnées de l'hôtel dans lequel vous séjournerez durant vos vacances à l'île Maurice? Un renseignement obligatoire, sinon on refuse de vous laisser passer.

Je me penche, feuillette mon guide touristique, m'arrête au hasard sur une page et sélectionne le premier hôtel en lui disant:

– Je séjournerai . . . à la Pension Notre-Dame!

Sceptique (et il y avait de quoi), il me répond:

– Êtes-vous certaine de loger à cet endroit?

Je me penche vers lui pour m'assurer que personne ne nous entende:

– Oui, à moins, bien entendu, que vous ne m'aidiez à trouver un endroit moins cher et surtout convenable pour une Canadienne comme il faut comme moi!

Vous auriez dû voir la tête qu'il faisait … mais je crois que la chance a encore joué en ma faveur, puisqu'il m'a laissé son numéro de portable en me disant de l'appeler plus tard. Il m'a trouvé un endroit parfait. J'ai donc séjourné dans un appartement de deux chambres, cuisine et salle à manger pour $CAN 17 la nuit – pas mal hein? Le prix du billet d'avion pour l'île Maurice est très cher, mais le coût de la vie étant très abordable, il est donc facile d'y séjourner plusieurs semaines.

L'île Maurice est splendide. Elle est constituée d'un heureux mélange d'agriculture (canne à sucre), de plages aux eaux turquoises et de montagnes aux formes diverses pointant vers le ciel. Les activités nautiques abondent quel que soit votre niveau de forme physique. Les gens parlent créole, français et anglais, il est donc facile de communiquer avec eux. Les Mauriciens aiment les gens et la fête et ils dansent merveilleusement bien sur différents types de musique. Je me suis laissée bercer par cette musique, par ces gens, par de nouveaux amis qui m'invitent à revenir les voir … Je crois bien qu'un jour je vais me laisser tenter à nouveau! Alors, c'est pour quand votre séjour à l'île Maurice?

Source: Adapted from 'Chroniques-Évasion' by Josée Martel at
<http://www.webfrancophonie.com>

Vocabulary ♦

un douanier	a customs officer
au hasard	at random, by chance
séjourner	to stay
un séjour	a stay
il y avait de quoi	there was reason, he had reason to be
loger	to stay, to lodge
un logement	accommodation
comme il faut	proper (well behaved)
abordable	affordable
un heureux mélange	a harmonious combination
pointer	to rise up
abonder	to abound
quel que soit	whatever
se laisser bercer	to allow oneself to be lulled
se laisser tenter	to let oneself be tempted

Exercise 7

263

Here's a postcard which the Canadian journalist sent to a friend during her trip. Can you fill in the gaps?

Bonjour Lucette!

Quel paradis ! Temps ensoleillé, p_____ aux eaux

t_____, l'île Maurice est un e_____

p_____ . Je l_____ dans un appartement avec

deux _____ qui me c_____ $17 la nuit — trouvé

grâce au douanier qui m'a interrogée à l'aéroport ! Tout le monde ici

p_____ f_____, il est donc facile de

c_____ avec eux. Je me suis déjà fait de n_____

a_____ qui m'invitent à r_____ l'année prochaine.

'Faut dire que je n'ai pas très envie de retrouver la neige et la grisaille

de Montréal!

Bien à toi, Corinne

Exercise 8

263

Without looking at the text, try translating back the following sentences from the article, paying particular attention to the phrases underlined. You'll be using structures which have been reviewed in the various units of this book.

1 <u>One thing I've learned through travelling</u>
2 <u>May I</u> have the address of the hotel <u>in which you will be staying</u>?
3 <u>I lean</u> towards him <u>to ensure that nobody will hear us</u>.
4 Yes, <u>unless</u> – of course – <u>you help me</u> find <u>a cheaper place</u>.
5 I think once again, luck was on my side <u>since</u> he left me his number, <u>telling me to call him</u> later.
6 <u>People speak Creole, French and English</u>, so it's easy to communicate with them.

Dialogue 3 🔊

Gianny is from Mauritius and speaks French, Creole and English. She is now studying in Britain, but most of her schooling back in Mauritius was in French. She starts by describing the island.

GIA. C'est ensoleillé, il y a plein de plages et la mer, elle est tout le temps bleue . . .

INT. Et quelle est l'activité économique principale de l'île?

GIA. Alors c'est la pêche, l'agriculture, aussi le tourisme qui est quelque chose de très important pour nous.

INT. Vous parlez français à l'île Maurice. Est-ce que vous parlez d'autres langues aussi?

GIA. Voilà, alors notre langue officielle, c'est l'anglais et notre langue nationale, c'est le créole, mais la langue parlée c'est . . . il y a deux langues parlées au fait, alors il y a la langue française et la langue créole.

INT. C'est très compliqué!

GIA. Je sais . . . allons dire que qu'au collège, à l'école primaire, on a tendance à parler le créole avec nos amis mais quand on s'adresse aux profs, on doit parler le français . . . mais allons dire que notre français est très influencé par notre créole . . .

INT. C'est-à-dire?

GIA C'est-à-dire que quand vous entendrez un Mauricien parler, eh ben, vous reconnaîtrez facilement que c'est influencé par une autre langue. C'est une langue qui a été, qui a commencé quand le pays a été colonisé et cette influence, elle a commencé à travers les gens qui ont débarqué sur l'île, c'est-à-dire les Portugais, les Africains, et pour pouvoir communiquer entre eux, ils ont commencé à inventer une langue qu'on appelle 'pidgin' en anglais je crois? Et à partir de là le créole s'est développé . . . Mais il y a une chose très importante aussi à l'île Maurice, c'est que, vu qu'on est un pays multiracial, on a plusieurs influences comme l'influence indienne, africaine, chinoise . . . alors ce qui fait que quand vous allez dans différentes régions, dans différentes villes ou villages vous allez remarquer qu'il y a différentes façons de parler le français ou le créole. Des fois, c'est assez marrant, parce que, bon, allons dire qu'on peut savoir si la personne vient d'un village ou d'une ville, et des fois les prononciations sont différentes et on a du mal à comprendre, ce qui est tout à fait normal mais on respecte ça quand même . . .

Exercise 9

Répondez aux questions suivantes en français:

1 Quelles sont les activités économiques de l'île Maurice?
2 Quelle langue Gianny parlait-elle (a) à ses amis (b) à l'école?
3 Gianny parle de différentes influences culturelles: lesquelles?

Exercise 10

From what you've read and heard about Mauritius, you should be able to fill in the gaps in the following encyclopedia extract. The first letter of each word is given.

Île Maurice

État insulaire à l'e_____ de Madagascar.

Langues: a_____ , c_____ , f_____ .

Activités économiques: t_____ , p_____ , a_____ surtout la production de s_____ de canne.

Histoire: Au début du 16ᵉ siècle, l'île est reconnue par les P_____ . En 1598 les Néerlandais en prennent possession et lui donnent son nom en l'honneur de Maurice de Nassau. En 1715, l'île tombe sous la domination f_____ , mais en 1810, la G_____ B_____ s'empare de l'île. L'île devient i_____ en 1968, mais conserve l'a_____ comme langue o_____ .

Source: Adapted from *Le Petit Larousse Compact* (Paris, 1995).

Grammar reference

Variants of grammatical forms

The definite articles **le** and **les** blend with the prepositions **à** and **de** to form **au, aux** and **du, des**.

à + le	**au**	à + le garage	→	**au** garage
de + le	**du**	de + le voisin	→	**du** voisin
à + les	**aux**	à + les enfants	→	**aux** enfants
de + les	**des**	de + les arbres	→	**des** arbres

The grammatical forms **le, la, de, du, de la, au, à la, que** and **ne** change when the following word starts with a vowel:

le, la	**l'**	**l'**homme, je **l'**ai vue
de	**d'**	peu **d'**enfants
du, de la	**de l'**	**de l'**alcool
au, à la	**à l'**	**à l'**église
que	**qu'**	**qu'**il a vu
ne	**n'**	je **n'**ai pas vu Marie

Building phrases with verbs

Subjects and objects

The *subject* of a verb is the person or thing that 'does' what the verb expresses. The *object* of a verb is the person or thing that is 'affected' in some way by the verb:

Daniel (subject)   **adore** (verb)   **le vin français** (object)

All verbs have a subject, but they differ as to whether they have objects, and if so, what kind. Verbs which don't have objects are called *intransitive* verbs, e.g.

partir	je pars
descendre	je descends

Verbs which have objects are called *transitive* verbs. They can have various kinds of object:

a direct object	j'adore **le vin**
an indirect object	j'ai téléphoné **à Jean**
a direct and an indirect object	j'ai donné **le livre à Jean**
the preposition **à** + an object	je pense **à mon frère**
preposition **de** + an object	je manque **de confiance**

Reflexive or *pronominal* verbs have a *reflexive pronoun*:

se lever	je **me** lève
s'ennuyer	elle **s'**ennuie

Some reflexive verbs take indirect objects introduced by **à** and **de**:

s'intéresser **à**	je m'intéresse **au cinéma**
se souvenir **de**	il se souvient **de toi**

Verbs can also can be followed by *other verb forms*:

an infinitive	j'adore **jouer**
à + an infinitive	j'ai du mal **à dormir**
de + an infinitive	j'ai oublié **d'appeler Jean**
que + indicative	j'espère **que tu viendras**
que + subjunctive	je veux **que tu viennes**

- The *infinitive* form is the base form of the verb, typically ending in **-er**, **-ir** or **-re**
- The *indicative* refers to the 'standard' tenses of the verb
- The *subjunctive* is used in specific contexts after **que**

When you come across a new verb, or want to activate an old one, always make a mental note of the ways in which it can be used. Good dictionaries should provide this information. In the French entries in your dictionary, for example, you should come across the following useful abbreviations:

vi	*verbe intransitif*	does not take an object
vtr	*verbe transitif*	takes a direct object

| vtri | verbe transitif indirect | takes an indirect object, introduced by a preposition à or de |
| vpr | verbe pronominal | takes a reflexive pronoun |

Formation of verb tenses

The present tense

To form the present tense stem of regular verbs, remove -er, -ir and -re from the infinitive: e.g. jou-er, fin-ir, vend-re.

Regular -er verb endings

je joue	nous jouons
tu joues	vous jouez
il / elle / on joue	ils / elles jouent

Regular -ir verb endings

je finis	nous finissons
tu finis	vous finissez
il / elle / on finit	ils / elles finissent

Regular -re verb endings

je vends	nous vendons
tu vends	vous vendez
il / elle / on vend	ils / elles vendent

All -er verbs except **aller** are regular, but many verbs ending in -ir and -re have irregular present tense conjugations. The major ones are given in the Key Irregular Verbs on pp. 231–2. You'll usually find the conjugations of all irregular verbs in a good dictionary.

The future tense

The regular future tense stem is the infinitive for -er and -ir verbs, and the infinitive without the final e for -re verbs, e.g. jouer, finir, vendr-e.

Endings: the same for all verbs

je vendrai	nous vendrons
tu vendras	vous vendrez
il / elle / on vendra	ils / elles vendront

Here are the main irregular stems for the future tense:

aller	ir-	être	ser-	recevoir	recevr-
avoir	aur-	faire	fer-	savoir	saur-
courir	courr-	mourir	mourr-	venir	viendr-
devoir	devr-	pleuvoir	pleuvr-	voir	verr-
envoyer	enverr-	pouvoir	pourr-	vouloir	voudr-

The imperfect tense

The regular imperfect tense stem is the **nous** form of the present tense without -ons: e.g. nous jou~~ons~~, nous finiss~~ons~~, nous vend~~ons~~. Only être has an irregular stem: ét-.

Endings: the same for all verbs

j'étais	nous étions
tu étais	vous étiez
il / elle / on était	ils étaient

The conditional forms

The conditional stem is the same as the future tense.

Endings: imperfect endings, the same for all verbs

je serais	nous serions
tu serais	vous seriez
il / elle / on serait	ils / elles seraient

The perfect tense

The perfect tense is a compound tense. Compound tenses have two parts: the auxiliary **avoir** or être, and the past participle. The perfect uses the present tense of **avoir** or être.

j'ai fini	nous avons fini
tu as fini	vous avez fini
il / elle / on a fini	ils / elles ont fini

je suis allé(e)	nous sommes allé(e)s
tu es allé(e)	vous êtes allé(e / s)
il / on / elle est allé(e)	ils / elles sont allé(e)s

Most verbs are conjugated with **avoir**, but reflexive verbs and the following intransitive verbs take **être**:

arriver, partir, descendre, monter, venir, aller, retourner, entrer, sortir, naître, mourir, tomber, rester, passer (*when used intransitively to refer to movement*)

Past participles

Regular past participles are formed in the following way:

infinitive in **-er**	jou-~~er~~ + é	→ joué
infinitive in **-ir**	fin-~~ir~~ + i	→ fini
infinitive in **-re**	vend-~~re~~ + u	→ vendu

Verbs ending in **-er** all have regular past participles ending **-é**, but many **-ir** and **-re** verbs have irregular forms. Most end in **u, i / is / it** or **ert / uit**:

boire	**bu**	comprendre	**compris**	couvrir	**couvert**
connaître	**connu**	écrire	**écrit**	conduire	**conduit**
croire	**cru**	mettre	**mis**	offrir	**offert**
lire	**lu**	prendre	**pris**	ouvrir	**ouvert**
recevoir	**reçu**	suivre	**suivi**		

For other irregular forms, see the Key Irregular Verbs on pp. 231–2.

Agreement on past participles

With **être** verbs, agreement is with the subject of the verb:

Jeanne et Marie sont **parti<u>es</u>**.
Anne, tu t'es **lev<u>ée</u>**?

With **avoir** verbs, agreement is with a direct object placed before the verb:

Les Martin, je **les** ai **vu<u>s</u>** hier.
Voici **la table** que j'ai **achetée**.

The pluperfect tense

The pluperfect is a compound tense. It uses the imperfect tense of **avoir** or être, followed by the past participle, e.g. **j'avais vendu, j'étais allé**.

The past historic tense

The regular stem of the past historic tense is formed by removing -er, -ir or -re from the infinitive, e.g. jou-e̶r̶, fin-i̶r̶, vend-r̶e̶.

Regular -er verb endings
je jouai	nous jouâmes
tu jouas	vous jouâtes
il / elle / on joua	ils / elles jouèrent

Regular -ir verb endings
je finis	nous finîmes
tu finis	vous finîtes
il / elle / on finit	ils / elles finirent

Regular -re verb endings
je vendis	nous vendîmes
tu vendis	vous vendîtes
il / elle / on vendit	ils / elles vendirent

Many -ir and -re verbs have irregular stems. Many are close to the past participle form:

lire	il a lu	il lut
prendre	il a pris	il prit
recevoir	il a reçu	il reçut

but quite a few major verbs are not:

écrire	il a é̶c̶r̶i̶t̶	il écrivit
offrir	il a o̶f̶f̶e̶r̶t̶	il offrit

See the Key Irregular Verbs on pp. 231–2.

The present participle

The regular stem of the present participle is the same as for the imperfect tense: the **nous** form of the present tense, without **-ons**. The ending -ant is then added. The only irregular stems are: être = étant, avoir = ayant and savoir = sachant.

The subjunctive

The subjunctive occurs after certain verbs and conjunctions. It occurs in subordinate clauses where the subject is different from the main clause.

| Je suis parti | **sans que mon père** s'en **rende** compte. |
| I left | without **my father** noticing. |

| **Jean est désolé** | **que tu** ne **puisses** pas venir. |
| **John** is sorry | that **you** can't come. |

An infinitive construction is usually used where the subject is the same in both clauses:

| Je suis parti | **sans dire** un mot à personne. |
| I left | without saying a word to anyone. |

| Je suis désolé | **de ne pas pouvoir** venir. |
| I'm sorry | to be unable to come. |

The subjunctive is used after:

- verbs expressing feelings, wanting, requiring, proposing or uncertainty such as: **être désolé que, vouloir que, il faut que, proposer que, il est possible que** and many more (see Unit 9)

- the following subordinating conjunctions:

à condition que	on condition that
afin que	in order that
à moins que	unless
avant que	before
bien que	although
en attendant que	waiting for someone / something to
pour que	in order that
pourvu que	provided that
jusqu'à ce que	until
sans que	without someone / something doing

The subjunctive also appears

- after **que** in an independent clause to express the idea of 'may' + verb or 'let's' + verb:

Qu'on prenne l'exemple de l'Espagne.
Let's take the example of Spain.

- and in set expressions equivalent to 'whatever':

Quel que soit votre niveau	Whatever your level
Quels que soient vos problèmes	Whatever your interests
Quoi qu'il arrive	Whatever happens

The present subjunctive

The regular stem of the present subjunctive is the **ils** form of the present tense, without -ent, e.g. ils **jou-~~ent~~**, ils **finiss-~~ent~~**, ils **vend-~~ent~~**. For frequently used irregular forms, see Key Irregular Verbs.

Regular endings

je vend + **e**	nous vend + **ions**
tu vend + **es**	vous vend + **iez**
il / elle / on vend + **e**	ils / elles vend + **ent**

The perfect subjunctive

This is a compound tense. It uses the present subjunctive of the auxiliary **avoir** or **être**, followed by the past participle.

Je suis déçu qu'il ne <u>soit</u> pas <u>venu</u> hier.

Questions

There are three patterns for constructing questions in French.

Pattern 1	Pattern 2	Pattern 3
Tu peux venir?	Est-ce que tu peux venir?	Peux-tu venir?
Tu fais **quoi?**	**Qu'**-est-ce que tu fais?	**Que** fais-tu?
Tu vois **qui**?	**Qui** est-ce que tu vois?	**Qui** vois-tu?
Tu pars **quand**?	**Quand** est-ce que tu pars?	**Quand** pars-tu?
Tu vas **où?**	**Où** est-ce que tu vas?	**Où** vas-tu?
Pourquoi tu pars?	**Pourquoi** est-ce que tu pars?	**Pourquoi** pars-tu?
Tu y vas **comment**?	**Comment** est-ce que tu y vas?	**Comment** y vas-tu?
Tu as payé **combien**?	**Combien** est-ce que tu as payé?	**Combien** as-tu payé?
Tu viens **quel** jour?	**Quel** jour est-ce que tu viens?	**Quel** jour viens-tu?
Lequel tu préfères?	**Lequel** est-ce que tu préfères?	**Lequel** préferes-tu?

Pattern 1 is used primarily in relaxed speech. Word order does not change. Question words are usually placed at the end of the question although they can come at the beginning.

Pattern 2 is neutral, but the construction can be a bit cumbersome. **Est-ce que** is placed before the subject and verb and the question word is placed before **est-ce que**.

Pattern 3 is more formal and tends to be used in writing. The subject and verb are inverted and question words are placed at the beginning.

Question words in French are: **que** ('what'), **qui** ('who'), **quand** ('when'), **où** ('where'), **pourquoi** ('why'), **comment** ('how'), **combien** ('how much'), **quel** ('which, what') and **lequel** ('which one'). **Quel** and **lequel** are adjectives, so they change depending on the noun they apply to.

Quoi ('what)' is the emphatic form of **que**. It occurs in Pattern 1 at the end of a question. It is used after prepositions in all Patterns: **A quoi** penses-tu? ('What are you thinking about?')

Negation

Position

Negation is marked by **ne ... pas** placed around a conjugated verb or a present participle.

je **n**'ai **pas** vu Marie
ne comprenant **pas** la question

However, **ne** and **pas** are placed in front of an infinitive.

J'ai décidé de **ne pas** y aller

Alternatives to pas

There are a number of alternatives to **pas**:

ne ... plus	no more, not any more
ne ... que	only
ne ... jamais	never, not ever
ne ... personne	nobody, not anybody

To negate a noun emphatically, **ne** and the adjective **aucun** can be used: Je **n**'ai **aucune** idée = 'I have no idea'.

Nouns

Gender

All French nouns are either masculine or feminine. The gender of a noun can often be guessed from its ending.

Masculine endings	Examples	Exceptions
-i, -l	emploi, animal	la foi, la loi
-age	sondage	la plage
-at	secrétariat	
-eau	chapeau	l'eau, la peau
-ège, -ème	collège	la crème
-er, -et, -ier, -oir	projet, papier, couloir	la mer
-isme, -asme	enthousiasme	
-ment	enseignement	*Exceptions are*
-ou	bijou	*mostly single*
		syllable words

Feminine endings	Examples	Exceptions
-ace, -ance, -anse	place, élégance	
-ence, -ense	essence	le silence
-ade, -ande	façade, demande	le stade, le grade
-aison	saison, maison	
-aine, -eine	semaine	
-ée, -tié, -erté	année	le musée, le lycée
-èche	flèche	
-èse, -ève	grève	
-ie	thérapie	le parapluie
-ière	prière	
-ine, -ique, -ise	vitrine, expertise	le magazine
-sion / tion	solution	
-tude	solitude	
-ure	culture	
-sse, -tte	caisse, assiette	

Plural forms

- Most French nouns add an **s** to form a plural
- No **s** is added to nouns ending in **s, x** or **z**
- Nouns ending in **au, eu, al, ail** form their plurals with **x**:

l'eau	→ les **eaux**	le feu	→ des **feux**
l'hôpital	→ les **hôpitaux**	le travail	→ les **travaux**

Adjectives

Position

Adjectives are usually placed *after* the noun, but some frequently used adjectives are placed *before* the noun. They fall into pairs of opposites:

grand, gros	petit
vieux	jeune, nouveau
bon	mauvais
meilleur	pire
long	court
gentil	méchant
joli, beau	vilain

Some frequently used adjectives change meaning depending on whether they come before or after the noun

former	**ancien**	old
nice	**brave**	courageous
certain	**certain**	undeniable
dear	**cher**	expensive
last	**dernier**	previous
big, great	**grand**	tall
same	**même**	very
unfortunate	**pauvre**	poor
own	**propre**	clean
only	**seul**	lonely
real	**vrai**	true

Agreement

Adjectives agree in gender / number with the noun they qualify.

Agreement with a feminine noun is marked with an **e**. Sometimes further changes are required, such as adding an accent: dernier →

dernière; doubling consonants: bon → bonne; or adding consonants: beau → belle, blanc → blanche, faux → fausse, nouveau → nouvelle, vieux → vieille.

The masculine adjectives **beau, nouveau** and **vieux** also change when placed before a noun beginning with a vowel: un **bel** homme, le **nouvel** an, un **vieil** arbre.

For plural agreement, the basic rule is to add an **s**. Some masculine adjectives ending in **eau** and **al** have plural forms with **x**: nouveau → nouveaux, brutal → brutaux, but there are exceptions: banal → banals, fatal → fatals, final → finals.

Articles

	Definite	Indefinite	Partitive
Masculine	le	un	du
Feminine	la	une	de la
Plural	les	des	des

The *definite* article is used to refer to specific nouns – le chocolat que j'ai mangé ('the chocolate which I ate') – and also to nouns seen as a category, a class or a special entity – j'aime le chocolat ('I like chocolate'). This second usage is different from English.

The *definite* article is typically used with:

languages	j'apprends le français
countries	j'adore la France
abstract entities	l'amour, la liberté, la santé
things referred to as a whole	le vin, le bois, le pétrole
parts of the body	je me suis cassé le bras
days or times of day	le matin, je fais de la gym
expressing routine	le samedi, je fais mes courses

The *indefinite* singular articles are generally used in similar ways to the English 'a' / 'an': j'ai vu un chat dans le jardin ('I saw a cat in the garden').

The *indefinite / partitive* plural article is used to refer to an unspecified number: j'ai vu des chats dans le jardin. This can be translated as either *some*: 'I saw some cats in the garden' or by no article at all: 'I saw cats in the garden'.

The *partitive* singular articles are used to refer to an unspecified quantity of an 'uncountable' thing: j'ai acheté <u>du</u> fromage et <u>du</u> vin. Again, the nearest translation is 'some' but often no article is used in English: 'I've bought (**some**) cheese and (**some**) wine'.

Pronouns

Subject		Object				
Stressed	**Unstressed**	**Reflexive**	**Direct**	**Indirect**	**à +**	**de +**
moi	je	me	me	me		
toi	tu	te	te	te		
lui	il	se	le	lui		
elle	elle	se	la	lui		
soi	on	se			y	en
nous	nous	nous	nous	nous		
vous	vous	nous	vous	vous		
eux	ils	se	les	leur		
elles	elles	se	les	leur		

Stressed pronouns are used for emphasis, after **c'est** and after prepositions.

Subject pronouns are the equivalents of 'I', 'you', 'we', 'she', etc. French has two forms for singular *you*: **tu** is familiar, while **vous** is more formal and neutral.

The subject pronoun **on** is widely used in French, and can refer to a general 'they', 'you', 'people' or 'we'.

With some verbs, **il** is used impersonally, corresponding to a general 'it': **il faut ralentir** → 'it's necessary to slow down'.

Object pronouns

Object pronouns replace various kinds of objects (see table above and p. 218) and are placed in front of the verb.

Only in affirmative commands are they placed *after* the verb:

Ton livre, donne-**le-moi**!	Your book – give it to me!
Lève-**toi**!	Get up!

Note that in this case, **te** and **me** become **toi** and **moi**.

Object pronouns are placed in the following order:

me, te, se, nous, vous > le, la, les > lui, leur > y > en

Le, la and **les** are *direct object pronouns*, meaning 'him', 'her' and 'them'. If **la** and **les** are used with a compound tense, they trigger agreement on the past participle:

Les enfants? Je **les** ai **vu<u>s</u>** tout à l'heure.

Lui and **leur** are *indirect object pronouns*, replacing **à** + a person ('to him', 'to her', 'to them'). They do not trigger any agreement on the past participle in a compound tense.

Y and **en** are *impersonal pronouns*: **y** replaces the preposition **à** + an inanimate noun and thus often refers to locations. **En** replaces **de** + an inanimate noun. It can be used to refer to **de** + an animate noun when there is a quantifying expression:

Tu as **des enfants**?   Oui, j'**en** ai trois.
Do you have any children?   Yes, I have three.

Relative pronouns

Relative pronouns are words like 'who', 'which' and 'whose'. They introduce a new clause and relate back to a previously mentioned noun phrase:

Voici **le livre** + tu m'as recommandé ce **livre** (*direct object*)
Voici **le livre <u>que</u>** tu m'as recommandé
Here's the book **which** you recommended to me.

The choice of relative pronoun depends on the elements which need to be represented in the relative clause.

English	French	Stands for
who / which	**qui**	a subject noun
who / which	**que**	a direct object noun
whose / of whom / of which	**dont**	**de** + noun
preposition + whom	preposition + **qui**	all other prepositions + human noun
preposition + which	preposition + **lequel**	all other prepositions + non-human noun

Note that **lequel** changes to **laquelle, lesquels** or **lesquelles** depending on the noun being referred to.

Relative pronouns may be used with **ce** – **ce qui, ce que, ce dont** – with general reference, translating generally as 'what' in English.

Ce que j'aime surtout c'est la musique congolaise.
What I really like is the music from the Congo.

Je ne sais pas **ce qui** se passe maintenant.
I don't know **what** is happening now.

Demonstrative pronouns

Demonstrative pronouns are translated as 'the one' or 'those ones' and refer back to something previously specified.

Tu lis **quel livre? Celui** que tu m'as prêté.
Which book are you reading? **The one** you lent me.

celui	masculine singular	→ **le livre**
ceux	masculine plural	→ **les livres**
celle	feminine singular	→ **la disque**
celles	feminine plural	→ **les disques**

Celui etc. can be used with **-ci** (**celui-ci** = 'this one here' or 'the former') and with **-là** (**celui-là** = 'that one there' or 'the latter').

Key Irregular Verbs

Infinitive	Present		Future	Imperfect	Past participle	Past historic	Present subjunctive
aller	je vais tu vas il va	nous allons vous allez ils vont	j'irai	j'allais	allé	il alla	que j'aille nous allions
avoir	j'ai tu as il a	nous avons vous avez ils ont	j'aurai	j'avais	eu	il eut	que j'aie nous ayons
devoir	je dois tu dois il doit	nous devons vous devez ils doivent	je devrai	je devais	dû	il dut	que je doive nous devions
dire	je dis tu dis il dit	nous disons vous dites ils disent	je dirai	je disais	dit	il dit	que je dise nous disions
être	je suis tu es il est	nous sommes vous êtes ils sont	je serai	j'étais	été	il fut	que je sois nous soyons
faire	je fais tu fais il fait	nous faisons vous faites ils font	je ferai	je faisais	fait	il fit	que je fasse nous fassions

Key Irregular Verbs (contd)

Infinitive	Present		Future	Imperfect	Past participle	Past historic	Present subjunctive
pouvoir	je peux tu peux il peut	nous pouvons vous pouvez ils peuvent	je pourrai	je pouvais	pu	il put	que je puisse nous puissions
prendre	je prends tu prends il prend	nous prenons vous prenez ils prennent	je prendrai	je prenais	pris	il prit	que je prenne nous prenions
savoir	je sais tu sais il sait	nous savons vous savez ils savent	je saurai	je savais	su	il sut	que je sache nous sachions
venir	je viens tu viens il vient	nous venons vous venez ils viennent	je viendrai	je venais	venu	il vint	que je vienne nous venions
voir	je vois tu vois il voit	nous voyons vous voyez ils voient	je verrai	je voyais	vu	il vit	que je voie nous voyions
vouloir	je veux tu veux il veut	nous voulons vous voulez ils veulent	je voudrai	je voulais	voulu	il voulut	que je veuille nous voulions

Key to exercises

Unit 1

Exercise 1

1 Oui, c'est vrai. Cécile et sa famille ont déménagé. **2** Non, c'est faux. Ils habit**aient** Rennes (imperfect, so in the past). Ils habitent maintenant dans une petite ville qui s'appelle Scaër. **3** Oui, c'est vrai. Rennes est plus animé que Scaër. Cécile dit qu'à Scaër, 'l'animation nous manque'. **4** Oui, c'est vrai. Ils habitent maintenant dans un ancien moulin restauré. **5** Non, c'est faux: ils ont un grand jardin.

Exercise 2

1d, **2**f, **3**g, **4**b, **5**a, **6**e, **7**c

Exercise 3

1 Bonnes vacances! Bonne route! Bon voyage! **2** Bonne promenade! **3** Bonne soirée! **4** Bon courage! **5** Bonne continuation! **6** Bon appétit! **7** Bonne anniversaire: à tes / vos 40 ans! **8** Bon rétablissement! **9** Bonne retraite! je vous souhaite une retraite active et heureuse. **10** Bon séjour en Italie!

Exercise 4

1b, **2**c, **3**a, **4**d

Exercise 5

1 Non, c'est faux. C'est Roger qui souffre d'une bronchite. **2** Oui, c'est vrai. Jane dit qu'elle est très prise par son travail. **3** Oui, c'est vrai. **4** Oui, c'est vrai. Elle dit: 'je te passerai un coup de fil une fois que nous serons en France'.

Exercise 6

1 Qu'est-ce que vous devenez? **2** C'est pour ça que je te téléphone. **3** Ça nous ferait vraiment plaisir. **4** Si ça vous convient. **5** On n'a rien de prévu. **6** Je te passerai un coup de fil.

Did you notice?

1 on pensait: using the imperfect here makes Jane's statement more tentative. We do the same in English: *we were thinking*. Jane does not want to take Cécile's hospitality for granted. **2 On** is frequently used in informal speech as an alternative to **nous**. There is no particular difference, but the use of **on** meaning **nous** is much less frequent in formal contexts. For other uses of **on**, see pp. 116 and 121. **4 I will** call you <u>once we're in France</u>. In the subordinate clause English uses the present tense, but French uses the future. See p. 11.

Exercise 7

1 Vous venez d'où? Je viens de Newcastle. **2** Qu'est-ce que vous faites dans la vie? Je suis professeur. **3** Est-ce que vous habitez à Londres? Non, j'habite à Crawley. **4** Où passez-vous vos vacances? D'habitude, en France. **5** Pourquoi apprenez-vous le français? Parce que j'ai des amis en France et j'ai envie de mieux communiquer avec eux. **6** Vous allez souvent en France? Oui, au moins trois fois par an.

Exercise 8

Nous prendrons, nous débarquerons, nous arriverons, David fera, je m'installerai, je lirai, on ira

Exercise 9

1g, **2**h, **3**f, **4**e, **5**d, **6**a, **7**b, **8**c

Exercise 10

Le Moulin Blanc se trouve à droite, à 200m de l'embranchement. (It's on the right, 200m from the Raden junction.)

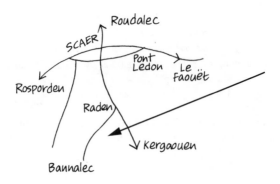

Exercise 11

1 Oui, donnez-moi des brochures. **2** Oui, explique-moi le problème. **3** Mais oui, assieds-toi / asseyez-vous! **4** Mais oui, repose-toi / reposez-vous! **5** Mais oui, sers-toi / servez-vous!

Exercise 12

1 tu ne peux pas le manquer! ('le' refers to the cinema) **2** Je n'y manquerai pas. **3** mes amis me manquent. **4** nous avons / on a manqué le bus. **5** j'ai manqué la réunion.

Bilan

1 1b, 2i, 3j, 4e, 5a, 6f, 7c, 8g, 9d, 10h **2 a** Nous vous souhaitons beaucoup de bonheur dans votre nouvelle maison. **b** Je vous adresse mes meilleurs vœux pour une retraite active et heureuse. **c** Bon rétablissement! **d** Bon voyage! Bon séjour en Espagne!

3 Chère Martine, cher André

   Nos meilleurs vœux pour le nouvel an – que 2003 vous apporte santé et bonheur. Nous avons changé d'adresse / déménagé. Nous sommes maintenant à Swindon. La campagne nous manque, mais nous avons plus d'espace dans la nouvelle maison. Venez nous voir bientôt!

   Affectueusement

   Chris & Sarah

Unit 2

Exercise 1

1 C'est faux. La France compte plus de **60 millions** d'habitants. **2** C'est vrai. **3** C'est faux. Les régions agricoles se situent plutôt **à l'ouest**. **4** C'est vrai. **5** La population rurale a **diminué** au cours des dernières années. **6** C'est vrai.

Exercise 2

1 Le Royaume-Uni compte 58 millions d'habitants. **2** La population de Paris a diminué de 5% depuis 1980. **3** La France est le premier exportateur de vin d'Europe. **4** Selon les prévisions, la population de la Bretagne augmentera de 5% d'ici 2010.

Exercise 3

a à cause **b** parce qu' **c** Grâce **d** Puisque

Exercise 4

1 connais **2** sais **3** connu **4** sais **5** sais **6** connais

Exercise 5

1 Lille's dynamic mayor, because (Didier implies) he was Prime Minister, managed to get funding for redeveloping the town. In particular, the TGV link has placed Lille in a strategic position between Paris, London and Brussels, resulting in office development and big companies setting up in the town. **2** According to Marie, Lyon is within easy reach of both the mountains and the sea. This is a bit of an exaggeration, but both are accessible within a day! Marie also mentions the things to do in Lyon itself: theatres, restaurants and places to go for a night out (**des sorties**). **3** Édith used to feel there was **une vie de quartier** when she lived in Paris but now, people say Paris has lost its human side and has become rather anonymous (**un peu anonyme**).

Exercise 6

C'est une ville historique, mais c'est aussi une ville qui est en train de changer. Il y a de plus en plus de choses à faire. Il y a maintenant beaucoup de cinémas. On a construit un nouveau théâtre. Il y a de plus en plus de bons restos / restaurants. C'est près de la mer. C'est aussi une ville très accueillante. Moi, j'habite au centre-ville, mais il y a vraiment une vie de quartier.

Did you notice?

The interviewer is referring to Paris.

Exercise 7

1 Donc *(because the information is known)*. Alors *is also possible, but rather more informal* **2** D'accord *(information is accepted)* **3** C'est ça *(confirming)* **4** Alors *(introducing a new topic)* **5** D'accord *(information is accepted)* **6** Donc *(moving on logically)* **7** D'accord *(accepting information)* **8** C'est ça *(confirming)*

Exercise 8

1 a The buildings show a variety of styles, from the Middle Ages (**du Moyen Âge**) to the industrial development of the nineteenth century. Further, a variety of materials have been used, e.g. brick, stone and ceramics (probably refers to ceramic tiles). **b** There are twenty different 'screens' in just one street! **c** Europe's biggest flea-market. **2** The TGV, the motorway (**les réseaux TGV et autoroutier**) and the Channel Tunnel are mentioned. **3** Every evening, there are over 100 shows (**plus de 100 spectacles**) on offer. **4** In the town centre. **5 populaire** here does not mean 'popular' but rather 'associated with the people'. **Un quartier populaire** for example is 'a working-class area', but perhaps the best translation here is 'down-to-earth' or 'unpretentious'. **6** The Braderie takes place over a weekend at the beginning of September: it lasts from Saturday to Sunday evening late! **7** It's not just for dealers (**les brocanteurs**), but also for members of the general public (**les particuliers**). **8 Moules frites**: mussels with chips. This is a typical dish from the north-east of France and Belgium.

Exercise 9

Possible answer: Grâce au TGV, c'est à seulement deux heures de Londres . . . Il y a un secteur piétonnier avec beaucoup de petits magasins et de restaurants . . . C'est un énorme marché aux puces, le plus grand d'Europe, qui dure deux jours et deux nuits. Je vais y manger beaucoup de moules frites!

Exercise 10

1 Lille *is* (*situated*) less than 350km away from six European capitals. **2** Europe's biggest flea-market *stretches* over 200km of pavement. **3** Mussels and chips *are eaten* particularly in the north of France. **4** In France, stamps *are sold* in tobacconists' shops. **5** Tickets for the restaurant *can be obtained* at reception.

Exercise 12

1 On peut y aller en TGV, en avion (il y a un aéroport international) et en bateau (c'est un port). Et bien sûr on peut y aller en voiture: Marseille est desservi par l'autoroute A7 qui le relie avec Lyon. **2** Situé sur le Rhin, près de la frontière allemande, à 450km à l'est de Paris. **3** Parce que beaucoup de ses édifices sont construits en pierre rose. **4** *Possible answer:* Lyon se trouve dans le sud-est de la France. La ville se situe au confluent du Rhône et de la Saône, elle est desservie par le TGV, c'est la deuxième ville de France, c'est un centre d'industries chimiques.

Did you notice?

'fut' is the third person singular past historic form of **être** = was.

Bilan

1 a Lille compte 960 000 habitants. Sa population a augmenté de 10 000 depuis 1994. **b** Chaque année le Festival de Musique de Lille accueille plus d'un million de visiteurs. **c** Montpellier a connu récemment une période de développement économique exceptionnel. Sa population a augmenté de 10%. Beaucoup de nouvelles entreprises sont venues s'y installer / s'y implanter. **d** Mes amis ont quitté Paris à cause du bruit. **e** Lyon dispose de beaucoup de musées et de théâtres, sans tenir compte de plus de 50 salles de cinéma. **2** *Possible answer*: Je viens de Liverpool. C'est situé dans le nord-ouest de l'Angleterre à quelques 200 kilomètres de Londres. Oui . . . C'est une grande ville, c'est un port, il y a beaucoup d'animation, c'est une ville culturelle, mais il y a trop de voitures! **3 a** Parce que des entreprises spécialisées dans les nouvelles technologies s'y sont implantées *or* Grâce à / A cause de l'implantation d'entreprises spécialisées dans les nouvelles technologies. **b** Parce qu'ils cherchent une meilleure qualité de vie *or* A cause de la meilleure qualité de la vie que l'on peut y trouver. **c** Parce que le coût du logement y est trop élevé *or* à cause du coût élevé du logement. **4** Toulouse: hi-tech image and historic / cultural buildings. Montpellier and Nice: dynamic – culturally, economically.

Unit 3

Exercise 1

1 Because of the dense traffic returning home after the holidays. **2** Resorts on the coast are likely to be very crowded during the holiday period. **3** There was a lot of traffic – and they had to pay. **4** A good road (3/4 lanes), fast-moving, little traffic. **5** No, it was very easy going west around the by-pass. **6** Camper-vans were not allowed to enter the town. **7** A notice forbidding something (**interdire** = to forbid). **8** Camper-vans were allowed, there was parking outside the school, it was quiet (**calme**).

Exercise 2

1 Ouf! **2** Quel plaisir! **3** Pas grave **4** Exact! **5** En plus

Did you notice?

1 The present tense is often used in French for narration even when the events clearly happened in the past. See Unit 11, p. 197. **2 le choix se pose de** = *the choice arose as to whether*; **le contournement de Toulouse se fait aisément** = *the by-passing of Toulouse was done easily / getting around Toulouse was easy*. **Tous les automobilistes se font racketter** = *The motorists (on the motorway) were all being swindled*. See Unit 8. p. 140 for more on **se faire** + infinitive.

Exercise 3

Notre destination aujourd'hui est Brockenhurst, une petite ville pittoresque dans le New Forest. D'abord nous prendrons la A27 direction Portsmouth. Nous passerons par la ville historique de Chichester. A Portsmouth nous prendrons l'autoroute afin de contourner Southampton. A 10 miles de Southampton, nous prendrons la A337 qui traverse le New Forest et descend vers la côte. Nous arriverons à Brockenhurst à 11h30.

Exercise 4

1d, 2i, 3h, 4g, 5b, 6j, 7c, 8a, 9f, 10e

Exercise 5

1 La voiture est tombée en panne dans le parking au sommet du Col d'Aubisque, le dernier jour de leurs vacances, parce que le moteur était en surchauffe. **2** dans un garage à Eaux-Bonnes **3** au moins une semaine **4** dans une voiture de location

Exercise 6

était, sommes partis, sommes passés, avons descendu, avons décidé, avons regretté, était, sommes restés, était, avait, s'est fait, avons pris, avait, se faisaient

Did you notice?

With verbs taking **être** in the perfect tense, agreement with the subject is marked on the past participle: **la voiture est tombée en panne**. With verbs that take **avoir**, there is agreement on the past participle when a direct object comes before the verb: **le dépanneur les (Philippe et Sophie) a remorqués**. See Grammar reference, p. 220.

Exercise 7

sont rentrés, ont eu, est tombée, ont téléphoné, a remorqués, ont dû, sont revenus, sont arrivés, ai vu

Exercise 8

1 aiv, bvi, cii, di, evii, fiii, gv **2** aB, bC, cD, dA

Exercise 9

1 when going slowly **2** (a) **3** on braking **4** screeching **5** brakes: brake linings (**garnitures**) and brake pads (**plaquettes**) **6** (c): (a) = d'occasion; (b) = cher **7** the exhaust pipe **8** is leaking **9** the cylinder head gasket

Exercise 10

il faut vérifier, il faut laisser, il faut qu'on prenne, il faut que nous rentrions, il faut que nous fassions, il faut que tu ailles, que tu téléphones, que tu lui dises

Exercise 11

1 Il y a une fuite de liquide noir, le niveau d'huile est très bas, il y a une fuite au niveau du bloc moteur, une fumée blanche sort du pot d'échappement. **2** Que le joint de culasse est cassé: qu'il faut le remplacer. **3** Oui. **4** De garder la voiture l'après-midi pour la vérifier de plus près. **5** Parce qu'il doit être à Toulouse. **6** *Possible answer:* Le garagiste confirmera son diagnostic, il n'aura pas la pièce de rechange nécessaire, il faudra donc attendre quelques jours avant de l'avoir, la compagnie d'assurance de Roger lui enverra une voiture de location, mais il y a peu de chances qu'il soit à Toulouse à l'heure prévue.

Exercise 12

J'ai remarqué que les freins font un drôle de bruit. – Un grincement. – Tout le temps – même au ralenti. – Je ne sais pas. Qu'est-ce qui ne va pas? C'est grave? – Je n'ai pas très bien compris. Pourriez-vous répéter, s'il vous plaît?

Bilan

1 b vous devez allumer / il faut allumer / il faut que vous allumiez vos phares. **c** vous devez le remplacer / il faut le remplacer / il faut que vous le remplaciez. **d** vous devez vérifier / il faut vérifier / il faut que vous vérifiez la pression des pneus. **e** vous devez les remplacer / il faut les remplacer / il faut que vous les remplaciez. **f** vous devez la colmater / il faut la colmater / il faut que vous la colmatiez. **2 a** Qu'est-ce qui s'est passé? **b** Vous avez passé un bon weekend? **c** Quand est-ce que vous avez passé votre examen? Il s'est bien passé? **3 a** Je vais **la** garer là-bas. **b** Voulez-vous **le** mettre en marche? **c** Il faut aller **les** chercher à Limoges. **d** Je **la** cherche depuis une demi-heure. **e** Je vais **les** vérifier au prochain garage. **4** Philippe et Sophie **voulaient** aller à Lourdes. En cours de route, Sophie **a remarqué** qu'un voyant **s'allumait**, mais elle n'y **a** pas **fait** attention. Puis elle **a senti** une drôle d'odeur. Ils **ont continué** jusqu'au sommet où ils **se sont arrêtés**. De la vapeur **sortait** du capot, le moteur **était** en surchauffe. Sophie **avait** son portable et elle **a téléphoné** au garage. Le garagiste **est venu** les remorquer jusqu'à Eaux-Bonnes. La voiture **est restée** à Eaux-Bonnes.

Unit 4

Exercise 1

1b, **2**e, **3**d, **4**h, **5**a, **6**i, **7**g, **8**c, **9**f

Exercise 2

1 Jane avait demandé un devis. **2** Le cahier des charges a été établi au mois de mars. **3** Oui, ils se sont déjà rencontrés à Londres au mois de mars. **4** Elle doit dire à M. Rochet si elle accepte ou non sa proposition.

Exercise 3

1 Je vous prie d'excuser ce retard. **2** Veuillez trouver ci-joint le devis détaillé. **3** Je vous serais très reconnaissant de bien vouloir me faire savoir **4** dans les meilleurs délais **5** Je reste à votre disposition pour tout renseignement complémentaire.

Exercise 4

Monsieur,
Je vous serais très reconnaissant de bien vouloir me faire parvenir un dossier d'inscription pour votre cours de français niveau intermédiaire. Veuillez agréer, Monsieur, l'expression de mes salutations distinguées.

Cher Monsieur
Veuillez trouver ci-jointe notre brochure . . . Je reste à votre disposition pour tout renseignement complémentaire et vous prie d'agréer, cher Monsieur, l'expression de mes salutations distinguées.

Exercise 5

1 Faux: Jane accepte en principe le devis de Médiapro, mais elle veut revoir quelques points concernant l'infographie. **2** Vrai. **3** Faux: Guy Rochet est d'accord pour voir Jane à 14 heures. **4** Vrai. **5** Faux: Guy Rochet lui conseille de prendre le RER.

Exercise 6

From	Frédéric Maurois
To	Simone Duchet
Subject	Conference
Date	2 February 2003

Thanks for the invitation to the conference. OK re my slot on Saturday 2.30–3.00. Can you let me have the order of speakers?
Best wishes

Exercise 7

1 Je voudrais parler à M. Rochet s'il vous plaît. **2** J'ai rendez-vous avec M. Rochet à quatorze heures. **3** Mon avion a été retardé d'une heure. **4** Je ne serai chez vous que vers quinze heures. **5** Je suis désolée, Madame, M. Rochet est en réunion. **6** Je lui transmettrai le message.

Exercise 8

Message B. *Possible answer*: Premièrement, il n'y a pas eu de grève. Deuxième-ment, Jane n'a pas annulé sa réunion. Troisièmement, elle n'a pas demandé que Guy Rochet lui téléphone: elle a donné son numéro au cas où il voudrait le faire. Enfin, elle a dû téléphoner vers midi: l'heure indiquée sur le message A est donc incorrecte.

Exercise 9

Je voudrais parler à Jacques Le Guillou, s'il vous plaît / Est-ce que je pourrais parler à Jacques Le Guillou, s'il vous plaît?

Bonjour Monsieur. *As above*.

Quand est-ce qu'il sera de retour?

Oui, pourriez-vous lui demander de me rappeler aussitôt que possible?

Je suis (*practise spelling your name*) et mon numéro de téléphone, c'est le (*practise giving your number in French!*).

Merci beaucoup, Monsieur. Au revoir.

Exercise 10

1g, **2**e, **3**f, **4**b, **5**c, **6**d, **7**a

Exercise 11

1 Je voudrais laisser un message pour Annette Lenoir. **2** Si vous voulez bien vous asseoir . . . Voulez-vous boire quelque chose? Un café? Un thé? Une boisson fraîche? **3** Pourriez-vous m'envoyer un plan de la ville, s'il vous plaît?**4** Est-ce que je peux peut-être vous aider? **5** Est-ce que je pourrais avoir l'addition s'il vous plaît?

Exercise 12

1 réunion, rendez-vous **2** rencontré, réunion **3** retrouve, chercher **4** rendez-vous

Bilan

1 Enchanté(e), Madame. Vous avez fait bon voyage? C'est la première fois que vous venez en Angleterre? Vous venez souvent en Angleterre? **2** Est-ce qu'on pourrait se voir mardi prochain? Serait-il possible de vous voir mardi prochain? (*more formal*) **3** Monsieur, Pourriez-vous me confirmer (par écrit) la réservation que j'ai faite hier par téléphone? Merci. **4** Je suis désolé(e) Madame, mais Madame Simpson est en réunion actuellement. Voulez-vous qu'elle vous rappelle? **5 a** Je **lui** dirai que vous êtes là. **b** Je **leur** téléphonerai tout de suite. **c** Je **lui** transmettrai le message. **d** Je vais **leur** écrire cet après-midi. **6** J'ai rendez-vous avez Madame Smets. Si vous voulez bien vous asseoir, je lui dirai que vous êtes là. Ça fait plaisir de vous revoir. Votre voyage s'est bien passé? / Vous avez fait bon voyage? Mon avion a été retardé d'une demi-heure. Si vous voulez bien me suivre . . . Donnez-moi votre manteau. Voulez-vous du café? Oui, je veux bien, merci. Vous prenez du lait? Non merci.

Unit 5   78

Exercise 1

1 Roland, horaires annualisés – peut faire des semaines de 42 heures, mais peut également se reposer plusieurs semaines d'affilée, il passe du temps dans sa ferme, avec sa famille et ses amis et part pour de longs weekends. **Dominique**, cadre dans une chaîne de télévision, ne travaille que quatre jours une semaine sur deux. **Céline**, caissière chez Carrefour, elle restaure des meubles, passe plus de temps à s'occuper de ses enfants et elle fait plus de sport. **2** Le bricolage (*DIY*), la famille: s'occuper des enfants, passer plus de temps avec la famille (*looking after the children, spending more time with the family*), le sport (*sport*). **3** Seventy per cent of employees who had changed over to the '35 heures', felt it was 'plutôt positive' in improving their quality of life.

Exercise 2

1 travaille **2** temps **3** déjeuner **4** semaine **5** prends **6** congé **7** horaire **8** gère **9** an **10** fais **11** me reposer **12** d'affilée **13** partiel **14** jours **15** salaire **16** réduire **17** travail **18** scolaires

Exercise 3

Possible answer: Je travaille à mi-temps. Je ne fais que trois jours par semaine: le mardi, le mercredi et le jeudi. J'ai donc plus de temps à consacrer à mes loisirs. Je fais du sport. Je vais deux fois par semaine à la gym et le dimanche je fais de la randonnée. Je fais du jardinage et je fais aussi de la poterie.

Exercise 4

1 je travaille, je travaillais **2** je faisais, j'allais, je jouais, je n'ai plus. **3** je passais, j'ai. **4** je suis, consistait

Exercise 5

1 a = bilingual personal assistant **b** = management consultant **c** = junior sales manager **2 a** = B (diplôme d'une grande école de commerce ou d'ingénieurs) **b** = C (A *mentions* vous disposez d'au moins trois ans d'éxpérience, *while* B *mentions* 'vous justifiez d'une expérience de 3 à 8 ans en qualité de consultant') **c** = B (A *specifies* 'organisée, autonome, rigoureuse, disponible', while C refers to 'capacité d'entretenir des relations efficaces' **d** = A (*the name of the company is not given, just* 'groupe très important dans l'économie française') **e** = A (vous maîtrisez le Microsoft Office) **f** = B (a *specifies* vous travaillerez pour un de ses Vice-Présidents *and* C *says the candidate will be* 'Rattaché au directeur des ventes') **g** = A ('Vous savez travailler sous pression et gérer le stress') **3 a** Vous serez chargé de, Vous assurerez **b** Vous êtes titulaire de **c** adressez votre candidature à **d** vous pratiquez couramment l'anglais **e** votre mission est de **f** avec une première expérience de la vente **g** expérimenté **h** Rattaché au directeur des ventes **i** une équipe internationale **j** les déplacements **k** pour réussir dans ce poste

Exercise 6

1 Valérie is an English teacher in a secondary school (VIth form). **2** Georges is a marketing manager in a small company. **3** Denise is a marketing assistant in publishing / for a publisher. **4** Roger is personnel manager in a big supermarket. **5** Cécile is an executive in a big pharmaceutical company. **6** Jean-Marie works for a firm of international lawyers. **7** Annie is PA to the managing director of Micratel.

Exercise 7

Obviously job ad A is the most appropriate since she has two years' experience as a bilingual PA, but the advert required three. She does not have a BTS, but she does have a bilingual secretarial diploma and a first degree in international business. She has the required computer skills and some experience in international business. Her CV also suggests that she has experience of the tasks required: **gestion d'agenda, l'organisation de réunions et de déplacements, suivi administratif**.

Exercise 8

1 Accueil de la clientèle → accueillir: *customer reception, receiving clients*. **Organisation** de réunions → organiser: *organisation of meetings*. **Traduction** du courrier → traduire: *translation of correspondence*. **Édition** en PAO d'une brochure → éditer: *publication (by DTP) of a brochure*. **Rédaction** d'un rapport → rédiger: *writing a report*. **Mise à jour** de la documentation → mettre à jour: *updating of documentation*. **2** Elle a accueilli les clients. Elle a organisé des réunions. Elle a traduit le courrier. Elle a édité une brochure en PAO. Elle a rédigé un rapport. Elle a mis à jour la documentation.

Exercise 9

1 a We learn: that she drafted correspondence as part of her job at Micratel; about the courses she studied as part of her degree – finance, law, international management, computer skills (DTP, databases, internet) and Spanish; and what she learned from her job in a law firm: independence, and attention to detail, which she enjoyed. **b** bilingual PA to the Vice-President of a big insurance company (see job advert A) **2 a** je viens de terminer mes études **b** j'ai fini par organiser toutes ses réunions **c** Pourriez-vous m'en dire un peu plus sur cette formation? **d** Ces deux stages m'ont permis de mettre à profit mes connaissances du français

Did you notice?

1 You *have just* registered with us . . . **Venir de** can be used in the present (*have just done*), or in the imperfect (*had just done*). **Je venais de terminer mes études** → I *had just* finished. See p. 196. **2 c'était en tant que secrétaire bilingue?** This is a question seeking confirmation, so there is no inversion. **Pourriez-vous m'en dire un peu plus sur cette formation?** – inversion. **Avez-vous le même niveau en espagnol qu'en français?** – inversion. **En quoi consistait ce travail?** – inversion. Inversion questions are used here because the context is a formal interview. Questions with **est-ce que** might have been used but they can be long-winded. Questions without inversion would have been more informal: **Vous pourriez m'en dire un peu plus? Vous avez le même niveau en espagnol? Ce travail, ça consistait en quoi? 3 Disponible** means *available* as in **disponible de suite** = *immediately available*, but it also means psychological 'availability', i.e. *open-minded*.

Bilan

1 Annie: Avant, je travaillais à plein temps comme cadre commercial dans un supermarché. Je n'avais pas de temps libre, pas de loisirs! Aujourd'hui, je suis consultant en marketing et je travaille à la carte – c'est à dire, mes horaires sont libres, je passe beaucoup plus de temps avec ma famille. Je fais du jardinage, je fais aussi du tennis et de la voile.

Gérard: Avant, j'étais chômeur / au chômage. J'avais beaucoup de temps mais je n'avais pas beaucoup d'argent. Comme loisirs, je faisais de la randonnée, du football et de la photo. Aujourd'hui, je suis informaticien dans une compagnie d'assurance. Je travaille à plein temps. J'ai très peu de temps pour les loisirs. De temps en temps je vais au cinéma, c'est tout.

2 – Non, mais j'ai travaillé pendant trois ans au Parlement européen à Luxembourg.
– C'était essentiellement de la recherche. Il fallait vérifier les statistiques dans les rapports de ma section. Et puis je rédigeais des communiqués de presse. Ce poste me demandait beaucoup de patience et de rigueur, mais il m'a beaucoup plu.
– Je parle couramment l'allemand, je me débrouille en néerlandais et j'ai des notions d'espagnol.
– J'utilise Microsoft Office tous les jours et je viens de faire un stage en PAO.

Unit 6

Exercise 1

1 D'où venez-vous? **2** A **département** is an administrative area: there are ninety-six. A **région** is bigger, bringing together several **départements**. **3** A seaside resort **4** la forêt, la nourriture, les Allemands, des usines, la province, l'océan, l'agriculture, leurs vacances, la côte landaise, les Parisiens, de bonnes valeurs

Exercise 2

1 Non, c'est faux: Mimizan est une station balnéaire. **2** C'est vrai. **3** C'est vrai: il dit 'on est attaché à de bonnes valeurs comme la nourriture ou la chasse'. **4** C'est vrai. **5** C'est vrai. **6** Non, c'est faux. Au contraire, Frédéric dit que les Parisiens ont une vie beaucoup plus rapide. **7** Non, c'est faux. Selon Frédéric, on parle d'abord de Paris.

Exercise 3

1 Céline, d'où venez-vous? **2** Beaucoup de gens viennent passer leurs vacances sur la côte landaise. **3** Il y a des usines de bois, puisque on a cette grande forêt. **4** Mais autrement il n'y a pas grand-chose qui se passe. **5** Je viens du département du Gers qui est situé en Occitanie à côté de Toulouse. **6** Les Parisiens ont une vie qui est beaucoup plus rapide que les Français de la province.

Exercise 4

1 a Onnesse et Laharie (**mitoyen au propriétaire en étage**) **b** Mauzevin (**sur exploitation agricole**) **c** Losse (**en forêt**) **d** Onnesse et Laharie (**situé dans le bourg**) **e** Losse; the other two have **coin cuisine f** Onnesse et Laharie: **chauffage au gaz**. Losse and Mauzevin both have electric heating and wood-burning fireplaces: **chauffage électrique + cheminée (bois)**. **2** No, all have **terrain non clos**. **3** Canoeing (**canoë-kayak**), swimming (either **piscine** or **plage**), fishing (**pêche**), tennis (**tennis**).
4 Janice and Tony: Losse. They want to get away from it all: this gîte is **totalement indépendant en forêt**. Tony likes fiishing: there are possibilities **sur place**. Janice likes tennis: that is also **sur place**.

Christophe and Simone: Onnesse et Laharie. They don't want to use their car too much, so this gîte is suitable because it's **situé dans le bourg** (in the village itself). The sea is 22km away and their daughter might appreciate the **balançoire** in the garden.

Alan and Fiona: Mauzevin en Armagnac. There's a barbecue, a terrace, a garden. Canoeing and sailing are only 12km away. The kitchen is well equipped and, importantly, they can use mobile phones there. This was not the case for Losse, which was in a **zone mal desservie par mobile**.

Exercise 5

A LOUER Cottage comprenant cuisine, salle de séjour, salle de bain et deux chambres, terrain clos, avec meubles de jardin et barbecue. Lave-linge, micro-ondes, congélateur et TV. Chauffage au gaz. Tennis gratuit. Plage: 8km.

Exercise 6

1 Onnesse et Laharie: *avantages* – situé dans le bourg, avec commerces tout proches et pas loin de la mer: *inconvénient* – mitoyen à la maison du proprié-taire. **Losse:** *avantages* – situé en forêt, à proximité de Bordeaux et du vignoble bordelais. **Mauzevin:** *avantages* – endroit très joli, il y a un beau lac, le Lac d'Uby, et différentes possibilités de loisirs; *inconvénient* – seulement un coin cuisine. **2** Mauzevin: le seul inconvénient (l'absence d'une cuisine indépendante) n'en est pas vraiment un, puisqu'elles n'ont pas l'intention de passer beaucoup de temps dans la cuisine.

Exercise 7

1 Je **viens de** terminer un gros projet (see p. 196). **2 a** tu as reçu **b** j'ai lu **c** je les ai imprimées (*note agreement with preceding direct object* **les**) **d** on a réfléchi **3 a** Comment vas-tu? **b** Tu as reçu mon mél? **c** Qu'est-ce que tu en penses? **d** Tu connais ces endroits? **e** Vous comptez aller directement à Mauzevin? **4 a** Je vais **les** chercher. **b** On peut s'**y** baigner. **c** Je pourrais **lui** demander. **d** Demande-**lui**. **5 a** Je **me** sens un peu plus libre. **b** Je **te** téléphone à propos du gîte **c** Losse **se** trouve en pleine forêt landaise. **d** risquent de **nous** réveiller la nuit **e** on **se** téléphonera. **6 a** On pourrait visiter des vignobles. **b** On ne va pas passer nos vacances dans la cuisine. **c** Je vais essayer de le faire par internet. **d** Je n'y manquerai pas.

Exercise 8

1 Celui, celui **2** Celle, celle **3** Ceux **4** celles, celles

Exercise 9

1 Jane et David ne sont jamais allés dans les Landes. **2** Cécile n'a pas encore téléphoné à la / au propriétaire du gîte. **3** Est-ce que vous avez déjà envoyé la lettre? Non, pas encore. **4** Est-ce que vous êtes déjà allé à Toulouse?

Did you notice?

2 If you <u>wanted</u> to spend a few days with us, you <u>would be</u> most welcome (**vous vouliez** = imperfect) (**seriez** = conditional). For more on this construction, see p. 163.

Exercise 10

1 From 4pm on Saturday until 10am on the following Saturday. **2** No, only outside school holidays: **en dehors des vacances scolaires**. **3** No, only if you're booking less than two weeks in advance: **à moins de 15 jours de la date d'arrivée**. **4** At least four days in advance: **à moins de 4 jours de l'arrivée prévue**. **5** Yes, you can: **virement bancaire** is mentioned. **6** Yes, you always receive **un contrat de location**. **7** Yes, you have to pay a 25% deposit – **un acompte de 25%**. **8** You should pay the balance – **le solde** – thirty days in advance.

Exercise 11

1 virements bancaires = bank transfers, **espèces** = cash; means of payment. **2** administrative costs **3 annulation** = cancellation **4** a deposit **5** deadline: a delay (e.g. to transport) = **un retard 6 le solde** = the balance; **régler** = to settle

Bilan

1 Madame, Monsieur

Ayant l'intention de passer deux semaines à Mauzevin au mois de juillet, je vous serais très reconnaissante de bien vouloir me faire parvenir une documentation touristique sur Mauzevin et sa région.

En vous remerciant d'avance, je vous prie d'agréer, Monsieur / Madame, l'expression de mes sentiments distingués.

2 passons, sommes allés, avons passé, irons, espère, n'avons pas vu, embrasse

3 Je voudrais parler à Madame Cotta, s'il vous plaît. C'est au sujet du gîte. Je voudrais le réserver pour une semaine à la fin de juillet, mais j'aimerais bien poser quelques questions. Est-ce que votre femme sera de retour un peu plus tard ce soir? Merci beaucoup, Monsieur, je rappellerai vers neuf heures et demie.

4 Si vous voulez bien me suivre, voici la salle de bain. Pour avoir de l'eau chaude, il faut attendre quelques secondes. Il faut fermer le robinet bien fort. Alors . . . le chauffage est au gaz. Il faut appuyer ici pour le mettre en marche. Il faut faire attention à ne pas le laisser allumé toute la nuit. Et voici les clés: celles-ci sont pour le garage et celles-là sont pour la maison. Bon séjour!

Unit 7

Exercise 1

1e, **2**g, **3**f, **4**h, **5**i, **6**b, **7**j, **8**c, **9**d, **10**a

Exercise 2

1 C'est vrai. **2** C'est faux: il est interdit de fumer dans les lieux publics. **3** Ce n'est pas tout à fait vrai. Troubler la tranquillité de ses voisins en faisant du bruit à n'importe quel moment de la journée est contre la loi. **4** C'est faux: on peut différer le paiement de l'amende. **5** C'est vrai: si on ne composte pas son billet, on risque la même amende que si on n'avait pas acheté de billet du tout.

Exercise 3

1 Un officier de police; le but des contrôles d'identité est de 'vérifier que l'on est en règle avec la loi'. **2** Fumer dans un lieu public est en principe sanctionné par une amende – mais, selon le texte, la loi n'est pas appliquée de façon stricte. **3** 'Le respect du voisinage' = 'respect for one's neighbours', the opposite of 'anti-social behaviour'! 'Tapage nocturne' = in legal language, 'a disturbance of the peace at night'. 'Frais de dossier' = 'administrative costs'. **4** On peut faire venir la police en téléphonant au commissariat de quartier. **5** **Jérôme**: doit payer le prix du billet (12€) plus une amende de 38€ (y compris les frais de dossier pour un paiement différé) = 50€. **Sandrine:** doit payer une amende de 15€. **Daniel:** doit payer une amende de 23€.

Exercise 4

a No entry. Trespassers will be prosecuted. **b** Keep off the grass **c** No parking **d** No entry **e** Out of order **f** No swimming / bathing **g** We apologise for any inconvenience during the refurbishments. (**travaux** refers to any *works*).

Exercise 5

1 Ce roman m'a fait rire. **2** Ils ont fait repeindre leur cuisine. **3** Le professeur a fait travailler les étudiants. **4** Le contrôleur nous a fait payer une amende.**5** J'ai fait remplacer le moteur de ma voiture. **6** Faites vérifier le niveau d'huile! **7** J'ai fait signer le contrat hier.

Exercise 6

1c, **2**e, **3**f, **4**a, **5**h, **6**g, **7**b, **8**d
The five differences Cécile mentions are: (1) English people don't mind queueing; (2) smoking is no longer fashionable in England but in France people continue to smoke; (3) things are more expensive in England; (4) the climate is worse in England; (5) in pubs people drink quicker and get drunk quicker whereas in cafés drinking is more relaxed.

Exercise 7

1 C'est bien connu. **2** La vie est beaucoup plus chère en Angleterre qu'en France. **3** Beaucoup de gens continuent à fumer. **4** Ce n'est pas un problème. **5** C'est pour ça que les Anglais passent autant de temps dans les pubs. **6** C'est dû à l'heure de fermeture. **7** Ils boivent plus lentement.

Exercise 8

a moins **b** plus **c** le moins **d** alors qu' **e** le plus **f** moins **g** les moins **h** si

Exercise 9

1 On m'a promis une augmentation de salaire. **2** On nous a interdit de traverser la frontière. **3** On lui a dit d'appeler le commissariat de police. **4** Est-ce qu'on vous a offert un verre de champagne? **5** Qu'est-ce qu'on leur a raconté?

Exercise 10

1 Non, c'est faux. Un restaurateur ne peut pas <u>vous refuser l'accès</u> pour des motifs 'racistes'. **2** Non, c'est faux: vous n'êtes pas obligé de <u>laisser votre manteau au vestiaire</u>, même si la salle est <u>bondée</u>. **3** C'est vrai: un restaurant doit <u>afficher</u> ses menus à l'éxtérieur et à l'intérieur, du moins 'pendant la durée du service'. **4** C'est vrai: si <u>un plat ne vous convient pas</u>, vous pouvez demander au serveur de le reprendre, mais le restaurant a le droit de vous faire quand même <u>payer la note</u>. **5** C'est vrai: si le vin est <u>bouchonné</u>, le restaurant doit le remplacer. **6** C'est vrai: si vous êtes victime <u>d'une intoxication</u>, vous devez être <u>dédommagé</u>. **7** C'est vrai: Si un serveur <u>fait tomber</u> un plat sur vos vêtements, vous devez vous faire rembourser <u>les frais de teinturier</u>.

Did you notice?

1 on seeing you **2** You can have it replaced. If the waiter drops a pot of mayonnaise on your best trousers. *As you can see, not all uses of* **faire** + *infinitive are translated directly as to get / have something done.* **3** The customer must be careful not to 'get had', i.e. be conned.

Exercise 11

The five things that go wrong: the restaurant mislays the booking; the waiter brings the wrong apéritifs; Cécile has no knife; Cécile ordered a salad without meat, but the salad that is brought has meat in it; the bill has two mistakes in it – they have charged for two kirs instead of one, and a bottle of water, whereas tap water was asked for.

Did you notice?

1 The extra **e** marks agreement with **la réservation**. With verbs conjugated with **avoir**, the past participle carries agreement with a preceding direct object: **Quand avez-vous fait votre réservation** (direct object)? → **Votre réservation, quand l'avez-vous faite?** See Grammar reference, p.220. **3** The waiter is referring back to **un couteau**. Roger is referring back to **des kirs**. You use **en** when you want to refer to a number of something which has already been mentioned: **un couteau . . . Je vous en apporte un**. (*A fork? I'll bring you one [of them].* There'll be more about the use of **en** in Unit 8.

Bilan

1 a Il est interdit de fumer dans les chambres **b** Hors service: défense d'entrer / entrée interdite **c** Stationnement interdit / Défense de stationner **d** Veuillez / Nous vous prions de nous excuser ce retard **2** *Possible answers:* La Roumanie est plus riche en ressources naturelles que l'Angleterre. Il y a moins d'accidents de la route en Angleterre qu'en France. La vie est moins chère aux Pays-Bas qu'en Norvège. **3 a** Excusez-moi de vous avoir fait attendre. **b** Excusez-moi, Madame / Monsieur, je crois qu'il y a une petite erreur . . . Vous avez compté trois appels téléphoniques alors que je n'ai fait qu'un seul appel / alors que je n'en ai fait qu'un seul. **c** Pardon Monsieur . . . ma copine est végétarienne. Elle va prendre une salade composée, mais pourriez-vous lui faire une omelette? **d** Dans un pub, il faut commander les boissons au bar. Les boissons alcoolisées sont interdites après onze heures du soir. **4 a** Veuillez éteindre votre cigarette, Monsieur. **b** Nous vous prions de respecter ces règlements. **c** On m'a dit de m'adresser au contrôleur.

Unit 8

Exercise 2

1 L'agriculture biologique cherche à protéger l'environnement, par exemple, en évitant les engrais chimiques. **2** En cultivant mes propres légumes, j'essaie de garantir une nourriture saine à ma famille. **3** En arrivant à Mauzevin, je suis allé directement au marché pour acheter des produits du terroir. **4** En recyclant des bouteilles et des cartons, je crois que je participe à ma façon à la protection de l'environnement.

Exercise 3

1 vendant **2** ne contenant pas **3** provenant

Exercise 4

1 D, E, F **2** D: se fatiguer intellectuellement et physiquement en prenant un peu d'exercice avant de se coucher, puis en lisant un livre; E: prendre des somnifères *Sombien*; F: une bonne hygiène de vie, un peu d'exercice physique et intellectuel, prendre un somnifère, prendre un lait chaud **3** Parce qu'il a la possibilité de récupérer le matin – et à ce moment-là, il dort très bien.

Exercise 5

a I get to sleep **b** sleeping pills **c** to get tired, to tire oneself **d** tablets **e** a miracle cure **f** a healthy lifestyle **g** to help the onset of sleep, to help you get to sleep **h** to recover

Exercise 6

On est vraiment désolé de ne pas pouvoir venir, mais nous sommes tous malades. Sally a des courbatures dans le dos et des douleurs dans les jambes. Tony s'est fait mal en jouant au tennis. Moi, j'ai un rhume. J'ai mal à la tête et je crois que j'ai de la fièvre. Ça ne peut pas être la grippe, parce que je me suis fait vacciner contre la grippe au mois de novembre, mais je ne me sens pas bien du tout. C'est vraiment dommage.

Exercise 7

a j'en ai pris six (des somnifères). **b** Il en parle depuis quinze ans (de l'homéopathie). **c** Elle en a besoin (de son dictionnaire médical). **d** J'en ai mangé chez Yan hier (du poulet bio). **e** Nous en avons bu trois bouteilles (de vin).

Exercise 8

1 Non, c'est faux. Cécile dit que c'est un problème récent. **2** Oui, c'est vrai. Le pharmacien explique qu'il ne peut pas vendre de somnifères sans ordonnance. **3** Oui, c'est vrai, mais il lui conseille également de l'huile essentielle de lavande. **4** Non, c'est faux. Elle peut en prendre seulement deux avant le dîner puisqu'elles ont un effet soporifique assez fort. **5** Oui, c'est vrai. Le pharmacien lui conseille 'cinq gouttes dans un bain chaud'. **6** Oui, c'est vrai. Le tilleul est préconisé en cas d'insomnie.

Exercise 9

1 0 **2** 0 **3** de l', 0 **4** des **5** de **6** 0 **7** 0 **8** 0, 0 **9** du, de la **10** de

Bilan

1 Elle a mal à la gorge depuis ce matin. Non, elle n'a pas de fièvre. Non, elle ne tousse pas. Elle a sept ans. Combien doit-elle en prendre dans une journée? Merci beaucoup. C'est combien? **2** *Possible answer:* Je me déstresse en lisant un bon roman ou en faisant un peu de yoga. Je mets des gouttes d'huile essentielle de lavande sur mon oreiller et je bois une tisane de verveine juste avant de me coucher. Je m'endors souvent en écoutant la radio – je trouve ça reposant. **3** La, des, 0, 0, La, de la, le, de, les, les, en.

Unit 9

Exercise 1

a anglophone **b** un moteur de recherche **c** classé par thème **d** mots clés **e** le réseau **f** un internaute **g** les nouvelles les plus fraîches **h** télécharger **i** accessible **j** en quelques clics de souris

Exercise 2

1 1,5% **2** Altavista est si puissant qu'il fournit *trop* de réponses au débutant, qui risque de s'y perdre. Nomade, Yahoo et Lycos sont plus faciles pour le débutant parce que ces sites regroupent des adresses classées par thème.**3** La consultation du premier chapître de livres récents **4** Oui, mais contre paiement.

Exercise 3

1 (c) un classement par thème et une recherche par mots clés **2 a** Headlines **b** The direct translation is *Communities*, but the reference here is to electronic communities, i.e. electronic forums, group discussions and e-chat sites. **3 a** Actualités et médias > Télévision and also (top left) Infos > Actualités **b** Société > Gastronomie **c** (top left) Infos > Météo **d** either (top left) Achats > Voyages or Sports et loisirs > Tourisme **e** Art et culture > Musées **f** Référence et annuaires > annuaires **g** as **d**

Did you notice?

1 Celui-ci = l'internaute débutant: **celui-ci** means *the latter*. **2 en consultant** = *when consulting* or just *consulting*. There is no need for **en** in front of **regroupant**, because the present participle functions here as a relative clause: **qui regroupent**.

Exercise 4

a facilement **b** cordialement **c** profondément **d** complètement **e** absolument **f** précisément **g** apparemment **h** récemment **i** actuellement **j** heureusement

Exercise 5

1d, **2**g, **3**e, **4**a, **5**h, 6c, **7**b, **8**f

Exercise 6

1 a Magali: *Phosphore* – cible les 15–25 ans, propose 'un décryptage de l'actualité'. **b** Marie-Christine: *Avantages* – pour une jeune femme indépendante ('urbaine et active'?). **c** Claire: *Maison Bricolage* – qui propose 'des exemples concrets d'aménagement . . . des conseils pratiques', mais elle lira peut-être les recettes de cuisine dans l'*Avantages* de sa fille! **d** Hélène: *Investir* – en tant qu'agent de change (*stockbroker*), elle a besoin d' 'une couverture exhaustive des marchés' **e** Jacques: *Première* puisqu'il adore le cinéma.

Exercise 7

1 J'attends que le journal télévisé m'informe sur l'actualité politique. **2** Nous voulons que les journalistes fassent plus attention à l'actualité internationale. **3** Il faut que les jeunes comprennent ce qui se passe dans le monde / ce qui fait bouger le monde. **4** Il est possible que le journal soit obligé de fermer ses portes. **5** Mes enfants veulent que nous regardions le film sur Canal +. **6** Je suis déçu qu'ils n'aient pas diffusé ce documentaire. **7** Il est possible qu'André se soit trompé de date.

Exercise 8

1d, **2**e, **3**f, **4**c, **5**b, **6**a, **7**i, **8**g, **9**j, **10**h

Exercise 9

1 First, there will be many demonstrations (**de multiples manifestations**); second, there's going to be a walk through Paris on Saturday; third, the Paris marathon is taking place on Sunday; and fourth, it's the second Easter holiday weekend, so there's likely to be a lot of departing traffic: in particular, Saturday has been classified 'orange', so fairly heavy traffic is predicted. **2 The employees of Virgin et McDonald's**: Saturday 10am, bottom of the Champs-Elysées, about union rights and holiday pay. **Eighteen organisations for the disabled**: Saturday 2pm, Esplanade des Invalides, to raise questions for the presidential candidates and demand commitments from them. **SOS Racisme**: Monday 6pm, place du Trocadéro, for peace in the Middle East and against racism in France.

Exercise 10

1 The first contribution is against it, claiming that it is not the right solution. As the contributor says 'il faudrait poser les bonnes questions'. The main issue, as far as he is concerned, is to improve public transport: in particular 'faire en sorte qu'ils soient propres (*clean*), agréables (*pleasant*), ponctuels (*on time*) et sécurisés (*safe*)'. The third contributor argues that closing town centres to traffic is a positive measure. Although it affects the turnover of businesses (**les chiffres d'affaires des commerçants**) in the short term, businesses would not lose customers if this measure were applied over a longer period: it's just that when it happens only occasionally, people put off shopping until they can use their cars. But over a longer period, customers would return – and in particular customers on foot who would be attracted by the lack of pollution, by more space and less noise. **2** First, to revise parking restrictions; second, to build a free tramway to encourage people to leave their cars at home.

Exercise 11

1 S'il y **avait** moins de voitures, (d) il y **aurait** moins d'embouteillages. **2** Si le métro **était** moins cher et plus propre, (b) les Parisiens s'en **serviraient** plus souvent. **3** Si on **interdisait** le centre de Paris aux voitures, (a) il **faudrait** aménager d'énormes parkings aux portes de la capitale. **4** Si on **aménageait** des couloirs réservés aux bus, (e) les bus **iraient** plus vite et **seraient** plus fréquents. **5** Si on **mettait** en place un meilleur réseau de pistes cyclables, (c) les gens **feraient** plus de vélo.

Exercise 12

1 Qu'on me **fasse** **2** pour que tu **ailles** **3** pour que les gens **puissent** **4** que tu ne **sois** pas venu (*perfect subjunctive*) **5** que leurs droits syndicaux **soient** respectés **6** que les pouvoirs publics **mettent** **7** que nous nous **réunissions**.

Bilan

1 a Ne faudrait-il pas encourager les jeunes à se servir de l'internet? **b** Si j'avais un ordinateur plus puissant, ça faciliterait l'accès à l'internet. **c** Il faut que tout le monde apprenne à se servir de l'internet. **d** Il est impossible que les quotidiens soient remplacés par des sites web. **e** Le gouvernement veut que nous nous servions plus des transports en commun. **f** Si on interdisait la circulation dans les centres-villes, il y aurait moins de pollution et plus de gens iraient au travail à pied. **2** *Possible answer:* Salut, Véronique, c'est Sophie. Je t'appelle à propos de notre rendez-vous demain. Je viens d'écouter le flash-info à la radio. Apparemment une grande manifestation est prévue aux Champs-Elysées demain à 10 heures. Il va y avoir d'énormes embouteillages dans ce quartier-là et tu auras du mal à garer ta voiture. Il vaudrait peut-être mieux que tu prennes le train, non? Rappelle-moi si tu veux, je suis à la maison ce soir. Au revoir. **3** *Possible answers*: Je lis quelquefois un quotidien. Je ne lis jamais la presse locale. J'écoute souvent la radio, surtout les bulletins d'infos. Je regarde des feuilletons à la télévision de temps en temps. J'ai un abonnement au *Nouvel Observateur*. Je me sers de l'internet tous les jours pour mon travail. Je m'en sers également pour faire la réservation de billets et de chambres d'hôtel lorsque je pars en voyage. **4 a** Contrairement **b** Heureusement **c** Évidemment

Unit 10

Exercise 1

1f, **2**h, **3**i, **4**d, **5**g, **6**b, **7**c, **8**e, **9**a

Exercise 2

1 Contributors 1 and 2 agree with each other: that France would have better teams, in particular in the Ligue des Champions, if French players played for French teams. **2** Contributor 3 suggests that French clubs can't afford the salaries for top-class French players (e.g. **2 millions de francs par mois**) because they have to pay heavy taxes (**des taxes incroyables, des impôts élevés**) to the state (**à l'état**). **3** Contributors 3 and 4 disagree. Contributor 3 suggests that there should be some kind of tax break for clubs (he refers to **une loi** – *a law*) to enable them to keep players. Contributor 4 disagrees with the idea of a special law for highly paid professional footballers when taxes are needed to support the work of the state (in particular in areas which have a bearing on football – education (**l'éducation**), public safety (**la sécurité**) and, of course, the Stade de France).

Did you notice?

1 Eight conditionals: **aurait**, **seraient**, **aurions**, **aurait**, **seraient**, **aurait**, **permettrait**, **aurions**. **2** Two imperfects after **si**: **Si les joueurs français pouvaient rester**, **Si une loi favorisait les clubs**. **3** The present tense is used here because the writer is not referring to a hypothetical situation: players *do* play abroad. The imperfect after 'si' makes the condition seem more remote. **4** *plus as much* again to the state **5 cela leur permettrait** = **aux clubs**; **il faut leur donner 2 millions par mois** = **aux footballeurs professionnels**.

Exercise 3

Possible answers
Vous n'allez pas **quand même** proposer que les employeurs prennent en charge financièrement ces activités sportives! Les charges sociales (*employer's contributions*) sont déjà trop élevées.

Je ne suis pas d'accord. **Il n'y a qu'à voir** le succès des piscines qui organisent des séances spéciales pendant l'heure du déjeuner. Si les employeurs – ou encore mieux les comités d'entreprises – pouvaient organiser des activités sportives sur place, plus de gens pourraient en profiter et les employeurs auraient des employés plus performants.

Il faut poser les bonnes questions. Pourquoi les gens ne font pas plus de sport? Même si les clubs de gym étaient moins chers, les gens n'iraient pas forcément plus souvent. **Le problème** pour la plupart des gens, **c'est** la motivation et la discipline.

Oui, **c'est sûr**, c'est la motivation qui coince, et il y a des gens qui sont motivés justement parce qu'ils ont dû payer cher leur abonnement.

Exercise 4

1 que **2** que **3** qui **4** qui **5** qui **6** qu'

Exercise 5

1g, **2**f, **3**e, **4**l, **5**k, **6**j, **7**d, **8**a, **9**c, **10**b, **11**h, **12**i

Exercise 6

1 Elle se sent souvent stressée, surmenée et fatiguée. Elle a pris du poids – 3 kilos. Elle veut se sentir mieux dans sa peau. **2** De la marche à pied (pendant les vacances), du vélo, du yoga, de l'aérobic, de la natation. **3** Elle dit qu'elle n'avait pas le temps. **4** De l'aérobic en piscine. **5** Deux cours d'aquagym, deux séances d'entraînement de 30 minutes chacune et peut-être de la natation.

Exercise 7

Ça ne va pas très bien en ce moment. Pour une raison ou pour une autre, je ne me sens pas bien dans ma peau. Je crois que c'est le stress. Je suis surmenée, il y a tant de choses à faire. Je suis toujours fatiguée. Je n'ai plus le temps de faire de l'exercice. J'ai pris du poids. J'ai du mal à dormir et j'ai mal au dos.

C'est vrai. Tu as raison. J'ai vraiment envie de me remettre en forme. Je pensais m'inscrire dans un cours d'aérobic. C'est très bien pour éliminer les calories.

Exercise 8

1 Sitting on the ground with your legs stretched out in front of you, lean forwards towards your feet. **2** Standing, your arms by your sides, bend your legs. **3** Lying on a mat, slowly lift your legs up. **4** Couché sur le dos, levez doucement les jambes. **5** Asseyez-vous. Levez-vous. Penchez-vous vers la gauche. **6** Allongez-vous par terre et étendez vos jambes.

Exercise 9

1d, **2**b, **3**i, **4**c, **5**h, **6**a, **7**f, **8**g, **9**e

Exercise 10

1 C'est vrai. Il paraît que le premier match de hockey a opposé des militaires britanniques au Canada. **2** Non, c'est l'inverse. Il y a beaucoup plus de pratiquants en Amérique du Nord. **3** Oui, c'est vrai. Au début, le hockey sur glace faisait partie des JO d'été, par exemple ceux d'Anvers. **4** C'est faux. C'est un sport pratiqué aussi par des femmes. **5** C'est vrai. **6** C'est vrai. **7** C'est faux: on a besoin d'équipements spéciaux, par exemple la crosse, le palet, les protections, les patins à glace.

Exercise 11

1 une brosse **à** cheveux **2** une montre **en** or **3** un paquet **de** 5 kilos **4** une cuillère **à** café **5** une tasse **de** café **6** un match **de** football **7** une chemise **en** coton **8** un arrêt **de** bus **9** une corde **à** sauter **10** un paroi **de** 2m **de** haut **12** une canne **à** pêche

Exercise 12

dont, que, dans lequel, dont, que, dont

Bilan

1 a une bouteille d'oxygène = la plongée **b** une batte en bois = le cricket **c** un fer en acier = le golf **d** un sac à dos = la randonnée **e** un bonnet en latex = la natation **f** des patins à roulette = le rollerskate **g** une équipe de quinze joueurs = le rugby **h** un but de 7m de large sur 2m de haut = le football **2 que** – vous admirez ce joueur (*object*); **qui** – ce joueur (*subject*) vous a le plus impressionné; **à qui** – souhaiter la victoire à ce joueur; **dont** – la défaite de ce joueur vous rend malheureux. *Translation*: Which player do you admire the most? Who has impressed you, surprised you the most? The player who you want to see win at every match? The player whose defeat makes you miserable? **3** forme, capable, efficace, énergie, pratiquer, activités, loisirs **4 a**2 **b**4 **c**1 **d**3

Unit 11

Exercise 1

1 Je cherche des romans pour améliorer mon français. **2** J'arrive à me débrouiller en conversation. **3** Pourriez-vous me conseiller des romans pas trop difficiles?

4 Connaissez-vous les œuvres de Marcel Pagnol? **5** Il a écrit des romans autobiographiques sur son enfance en Provence. **6** Vous avez peut-être vu le film *Jean de Florette*? **7** Ils en ont fait un film. **8** Je vais prendre celui-ci.

Exercise 2

1 Non, c'est faux. Ses souvenirs d'enfance sont en trois volumes. **2** Non, c'est faux. Le premier volume est épuisé. Elle achète le deuxième volume: *Le Château de ma mère*. **3** Oui, c'est vrai . . . du moins, elle *croit* l'avoir vu. **4** Non, c'est faux. Il est né en France. **5** Oui, c'est vrai. **6** Oui, c'est vrai. **7** Non, c'est faux. Il imite souvent le langage parlé des jeunes. **8** Non, c'est faux. Elle achète aussi *Béni ou le Paradis privé*.

Exercise 3

1 se passe **2** décrit **3** algériennes **4** regard **5** joies **6** personnage **7** bien fait **8** montre **9** difficiles **10** joyeux

Exercise 4

1 Ce qui **2** Ce que **3** Ce que **4** Ce qui **5** Ce qui **6** ce qui **7** que **8** Ce que **9** qui **10** Ce qui

Exercise 5

Béni comes home ✓, <u>making a terrible noise</u> outside the caretaker's office. No, he walked very carefully **comme sur des œufs** because he didn't want anybody to see him: **je n'avais aucune envie de me faire voir**. His sister opens the door ✓. She is <u>happy</u> to see him. No, she is surprised: she opens the door **en poussant un cri de stupeur**. She tells him that their father is <u>out at work</u>. No, she tells him their father has gone to look for him – **il est allé te chercher**. She makes a snide comment about his success at school ✓ – she says something along the lines of 'that'll teach you to go on about how clever you are and your shitty certificate' – which upsets him ✓. He then meets his mother ✓, who'd been <u>cooking</u>. No, she'd been doing the washing – **elle avait fait une lessive**. She asks him to explain where he's been ✓. Béni gets cross but answers <u>politely</u>. No, he answers rudely and aggressively. She takes no notice of him ✓ and tells him to <u>wait until his father comes home.</u> No, she advises him to go to his room and pretend he was going over his homework – **d'aller dans la chambre faire semblant de réviser mes devoirs**. In the end, she is on his side ✓.

Exercise 6

1 Paul venait d'ouvrir la fenêtre **2** il était très occupé **3** il faut aller en classe **4** Je vais tout lui raconter **5** ça te fait plaisir que les vacances soient finies? **6** je descendis à la salle à manger **7** La dernière chasse est ratée **8** Il faut en prendre son parti **9** C'est une petite déception

Exercise 7

Marcel wakes up late because *his father hasn't called him*. The hunting trip is off because *it's raining*. Marcel feels *unhappy* about the end of the holiday. His brother Paul says he's going to look for *snails*. He *is* looking forward to getting back to school. Marcel asks him why, then, he was *crying* about it the previous evening. Paul says *he doesn't really know why*. Marcel, in disgust, goes downstairs and finds the adults *are in the process of packing*. They tell him that *he should try to get over his disappointment.*

Exercise 8

1 je sautai, je trouvai **2** il ouvrit **3** j'entendis, je descendis, il répondit, je perdis, il dit

Exercise 9

1 Roger a téléphoné, Cécile était partie **2** Emma avait terminé, elle a éteint **3** je me suis rendu compte, j'avais oublié **4** personne n'a reconnu, il s'était déguisé **5** nous avions manqué, nous avons dû **6** Je viens de rencontrer mon ancien professeur de français. **7** Il venait de rentrer d'un voyage au Québec. **8** Vous venez d'arriver? **9** Les Français venaient de marquer un but.

Exercise 10

nous partîmes (action), venait (description), poussait (description), m'avait forcé (background action, prior to main action), arriva (action)

Bilan

1 *A possible answer* Le personnage principal du roman *Stupeur et tremblements* d'Amélie Nothomb est une jeune femme belge d'origine japonaise qui se fait embaucher par une société japonaise. L'action se passe dans les bureaux de cette société. Le roman raconte ses expériences jusqu'au moment où elle démissionne de son poste. **2** 1c, 2b, 3f, 4d, 5e, 6a **3** a ouvert, est revenu, a dit, est rentré, a demandé, j'étais passé, m'étais caché, a dit, savait, a ouvert, ai fait, a refermé, a demandé, étais, faisait, a menti **4** past historic: *made* (**faire**), *visited* (**visiter**), *founded* (**fonder**), *explored* (**explorer**), *devoted himself* (**se consacrer**)

Unit 12

Exercise 1

1 a C'est vrai: selon l'article, l'Afrique regroupe 46,3% des francophones du monde, par rapport à 44% pour l'Europe. **b** C'est faux: en nombre de locuteurs, l'allemand est la première langue de l'Union européenne. Le français vient ensuite, suivi de l'anglais. **c** C'est faux: le taux de francophonie au Québec est de 82% **d** C'est vrai: il y a des communautés francophones en Louisiane. **e** C'est vrai. **f** C'est vrai. **2 a** 7 millions = le nombre de francophones au Québec **b** 33,4 millions = le nombre de francophones au Maghreb. **c** 20% de la population = c'est le pourcentage de francophones en Suisse. **d** 61 millions = le nombre d'anglophones dans l'Union européenne. **e** 64% = le pourcentage de francophones en Tunisie.

Did you notice?

2 ceux-là is used to refer back to the previously mentioned plural noun. It means *the latter*. So here it refers to **les locuteurs francophones du Canada**. **Ceux** further on refers back to **des habitants** and means **les habitants du Nouveau-Brunswick**.

Exercise 2

1 La ville de Québec a été fondée en 1608. **2** Québec a d'abord été colonie française, puis colonie anglaise. **3** Il n'y a pas beaucoup d'industries à Québec. **4** Aux alentours de Québec, il y a beaucoup de forêts. **5** En été, c'est très animé.

Exercise 3

1 They come because of a 'gold rush' effect. Gabon has rich natural resources. As Simon says, **on y trouve facilement du travail, on y gagne relativement bien sa vie**. **2** Le pétrole (*oil*), le bois (*timber*), le manganèse (*manganese*), l'uranium (*uranium*), le fer (*iron*), le marbre (*marble*). **3** Le pétrole (*oil*) (one of the mainstays of Gabon's economy since the late 1960s). **4** L'administration (*all aspects of government*) et l'enseignement (*education*). The Gabonese languages are used **en famille**. **5** In order to avoid political problems associated with making *one* of the many Gabonese languages the national language: this would be divisive and therefore French is used as the official language.

Exercise 4

1 à **cause** de **ses richesses**. On **y** trouve facilement du travail, on **y** gagne relativement bien **sa vie**. **2** Nous avons nos langues qui **se parlent** en **famille** . . . Il y **en** a beaucoup.

Exercise 5

1 Au, du, en, de la **2** Au, le, le **3** le, en, le, les, la, la

Exercise 6

1 a Elle a trouvé un appartement grâce au douanier qui l'avait interrogée à l'aéroport et qui, par la suite, lui avait recommandé cet appartement. **b** L'appartement est spacieux (deux chambres + cuisine + salle à manger) et peu cher ($CAN17 la nuit). **c** Le tourisme (c'est évident – le dernier paragraphe parle des nombreuses activités nautiques) et l'agriculture, surtout la cultivation de la canne à sucre (le dernier paragraphe fait mention de 'l'agriculture – canne à sucre'). **d** Son séjour s'est très bien passé. Elle est très enthousiaste: elle qualifie l'île Maurice de 'splendide' et elle dit à la fin: 'Je crois bien qu'un jour je vais me laisser tenter à nouveau.' Elle a apprécié: les prix abordables, les gens, leur sens de la fête et la musique. **2 a** les meilleurs prix **b** Je me penche, feuillette mon guide touristique **c** Quelle fut donc ma surprise (**fut** = *past historic of être. The journalist launches her narrative using the 'classic' narrative tense. This is often done in texts where otherwise the perfect and present tenses would be used, in order to heighten the 'story-telling' effect*). **d** Vous auriez dû voir la tête qu'il faisait **e** la chance a encore joué en ma faveur **f** le coût de la vie

Exercise 7

plages, turquoises, endroit, parfait, loge, chambres, coûte, parle, français, communiquer, nouveaux, amis, revenir

Exercise 8

1 Une chose que j'ai apprise en voyageant 2 Madame, **puis-je avoir** les coordonnées de l'hôtel **dans lequel vous séjournerez**? (*As mentioned in Unit 1,* puis-je *is caricaturally formal in speech.*) **3** Je **me penche** vers lui pour m'assurer que personne ne nous **entende**. **4** Je crois que la chance a encore joué en ma faveur, **puisqu'il** m'a laissé son numéro de portable **en me disant de l'appeler**

plus tard. **5 Les gens parlent créole, français et anglais**, il est donc facile de communiquer **avec eux**.

Exercise 9

1 La pêche, l'agriculture et le tourisme. **2** (a) le créole (b) le français **3** Gianny parle des influences indienne, africaine et chinoise.

Exercise 10

est, anglais, créole, français, tourisme, pêche, agriculture, sucre, Portugais, française, Grande Bretagne, indépendante, anglais, officielle

Grammar Index

Topic Index